4年生
学級づくり

クラス
替え編

学級通信
で見る！

田中博史の

田中博史 著

東洋館出版社

筑波小での新人教師、田中博史 そのデビュー時代の学級通信
〜学級を拓くときに頑張ってきたこと〜

　本書は、私の筑波小への赴任一年目の学級通信を軸にしてつくったものです。

　1991年の春、私は縁あって山口県の公立小学校から東京の筑波大学附属小学校に赴任しました。当時、異動が新聞で発表された後、出会った故郷山口の先生たちからは「あの有名な有田和正先生の同僚になるんだね。すごい！」「よくぞ、東京に出る決心をしたね。山口と東京のパイプになってくださいね」など口々に激励の言葉をもらったのを今でもよく覚えています。

　当時は、筑波小というと社会科の有田先生の名前がすぐにあがるほど、有名な方で私からすると雲の上の方です。同僚なんてとんでもない。

　算数科には「問題解決の授業」で新しい提案をされた、私の憧れの手島勝朗先生もいらっしゃいました。私はなんとこの手島先生の後任としての赴任だったのです。

　赴任した当時の算数科には、後の副校長先生の滝富夫先生をはじめ、正木孝昌先生、坪田耕三先生、志水廣先生という算数界では誰もが知っているビッグネームが勢ぞろいでした。

　故郷から激励されて旅立ったのはいいけれど、私なんかがこの一角に入っていいのだろうかという大きなプレッシャーの一年目だったのです。

　筑波小では、1年から3年まで3年間同じクラスで過ごし、4年生で初めてのクラス替えを経験します。そしてそのクラスでそのまま6年生まで担任が続くのが慣例でした。私はその4年生の担任を任されました。

　きっと保護者にしてみれば、「大切な高学年の担任が、田舎から来た経験の浅い無名の若手の先生か……。大丈夫かな。こりゃはずれだな」と口にこそ出さないけれど感じていたはずです。

　本書はその筑波小赴任の一年目の私の悪戦苦闘、いや逆に張り切り過ぎの若手教師が空回りしている全記録が通信の形でそのまま詰まっています。

　今思うと、なんと生意気な、そして浅はかなことを繰り返していたのだろうと恥ずかしくなります。しかも下手なのにすべて手書きです。当時は私だけではなく、多くの方が活字の通信よりも手書きの方が温かいのだという文化が強くありましたから、私もせっせと手書きにこだわっていました。もともと下手なのに付け加えて急いで書いていることもあり、お世辞にも上手い

字とは言えず読みにくいと思いますが、許してください。

　このときの通信を読んでもらえばわかりますが、初代のときは授業実践記録がたくさん掲載されています。自分の実践記録をつくることも兼ねていたからです。

　筑波小に赴任する直前の20代後半から32歳ぐらいまでは、教育雑誌や民間の研究会の案内を見て、ともかく面白そうだなと思うと、すぐにその会に参加してました。教育技術の法則化運動の会にも、教育科学研究会の授業づくり部会にも、そして数学教育協議会にも、さらには小集団学習の研究会にも……。ともかく実際に自分の目で見て確かめ、それらを追試して納得できるものを探し続けているといった感じでした。この通信にもその気配がまだしっかり残っています。残念ながらオリジナルな実践よりも先輩の真似や雑誌の実践報告の追試の方が多かったのですが、当時からそのバランスには悩んでいました。追試ならば子どもたちも楽しんでくれるのだけど、それだけでは筑波小の一員として新しい発信をしていくという役割は背負えない……。

　自分らしさを試行錯誤しながら探していたのを覚えています。

　どうぞ、新人教師の田中博史のもがきを読んでみてください。

　今回は、特にクラス替えしたばかりの学級集団をどう育てるかに焦点をあててみたので、他の世代の4月の通信も付録でつけています。3部4年の学級通信と、4部4年の学級通信がそれです。

　3部のクラスは、私が筑波小に赴任して15年たったときの通信です。初代のときの猪突猛進の激しさは少し薄れ、柔らかい文体になっている私がいます。また4部のクラスは管理職になる前、最後にもった高学年のクラスでの通信です。こちらは、学校全体を束ねる立場として親へのメッセージなどが強く出ています。任された役割によって、私も通信の使い方を区別していたように思います。

　読者の先生方、それぞれの立場で読んでいただき、少しでも役立つことがあれば幸いです。

　最後になりますが、本書の作成に当たっては、最後まで私のわがままを大きな懐で受け止め協力してくださった東洋館出版社編集部長の畑中潤氏に深くお礼を申し上げる次第です。

令和5年3月

田中 博史

新しいクラスをもったときに意識すること

学級通信を読んでいただく前に、新しいクラスをもったときに私が意識していたことを少し整理しておきます。

その1 "黄金の三日間"と呼ばれるスタートを焦らない

学級経営の本には、「最初の三日間が勝負」とよく書かれています。

確かに大切な出会いなのですが、大切さを勘違いしている方も多いと思います。特に次のようなアドバイスは要注意です。

「最初に厳しくしておかないと子どもたちになめられるよ」

「学級のルールを細かくつくって最初から教えておくことが大切だよ」

「学習の規律も最初にきちんとしておかないと授業が崩れるよ」

どうですか。いずれも一度は聞いたことがあると思います。でも……。

そんな方のクラスに限って子どもたちがとげとげしくなっていたり、男女の仲が悪かったり、あまり発表する子がいなかったりしていませんか。

先ほどの言葉を、そっくりそのまま管理職（または主任）の立場の方と自分の関係に置き換えてみるとよくわかります。

最初からその姿勢で向かってくる上司をあなたは好きになれますか。これから共に過ごす日々が楽しみになりますか。なんだか今度の人、ルールだらけで嫌だなと感じるのは、子どもたちだって同じなのです。

まずは、子どもたちが「今度の先生、面白そう」「話をよく聞いてくれそう」「優しそうでよかった」と感じてもらう方が先です。

子どもたちが安心してからでいいので、その上で「でも先生は、こういうのは許せない」ということを伝える場面も意識してつくります。

私の場合は、「友達の心を大切にしない」行為があったときには怖い先生に変身することを具体的な場面で伝えていました。通信の中にいろいろと出てきますが、その一つが席替えやグループづくりのときの子どもたちの何気ない言葉への対応です。

でも、こうした場面で大切なことは失敗させたらすぐにやり直すチャンスを与えて、最後は褒めて認めて終わることを意識することです。

その2 一週間たったら軌道修正 ～子どもの声を聞く～

クラスがスタートしたら、いろいろとシステムをつくらないといけなくなります。当番をどうするか、係はどうかなど様々ですね。どのようにしていいかわからないときは、まずは定番の方法でいいのでとりあえず見切り発車してもいいです。でも、一週間したらそのプロセスを反省してつくり直すかもしれないよと宣言しておきます。動き出すと子どもたちから、この方法は低学年のと

きにもやったけど不公平だと思ってたとか、面白くなかったというような本音が聞こえてきます。それを使って修正を試みると、次第にそのクラスらしいシステムができ上がっていきます。最初から修正することを意識しておくと焦って完成させなくてすみます。

実はこうした軌道修正の体験は子どもたちの学習の進め方、教師の授業力向上にもちゃんと生きてくる体験なのです。

ただ、子どもの意見を聞くということと、彼らに翻弄されるというのは異なります。話し合いをまとめるのに自信がないのなら、最初は改善点を一つだけに絞っておくとか、混乱してどうしようもなくなったら最後の手段はアンケートをとってそれをもとに担任で選ぶなど、大人も自分に合った方法を模索していくという意識は必要です。

その3 小さな事実の積み重ねで子どもたちの中に
自己肯定感、所属集団への肯定感を育む

私は最初の一ヶ月間は、次のことをひたすら伝え続けていました。

★担任の私が大切にしていること

いわゆる学級経営の方針を具体的な場面を通じて伝え続けることを意識していました。抽象的な理念だけではなく、具体的な子どもの事実を探してそれを使って伝えます。

★先生は、「君たちのことを観ているよ」ということを伝え続ける

そのためには、まずは子どもの様子を細かく観察する練習をしましょう。そして「いいなあ」と思う姿を見つけたら伝えましょう。それによって前学年までについてしまった個々の子どもたちへの先入観を取り除くこともできますし、何より「先生はそんなふうに見ていてくれたのか。それなら安心だな」と子どもも保護者も安心してくれます。

★子ども同士も互いを認め合っている事実を伝え合う場としての通信

教師からの想いを伝えるだけではなく、子どもたち同士は相手のことをどう見ているか、その小さな肯定的変容を伝え合う場を通信の中で意識してつくることを考えます。子どもたちも直接面と向かって友達に言うのは照れ臭いのでなかなか相手には届きませんから、私がその仲介になって通信で取り上げ間接的に伝えてみます。こうして「自分のことをこのクラスの人は認めてくれているんだなあ」「あの子も本当はいいところあるじゃん」「本当はみんなそう思ってくれていたのか、それなら安心かな」と彼らが少しずつ感じてくれるようになるための橋渡しをしていきます。

私が4月だけは頑張って通信を書き続けていたのは、こんなことを考えていたからです。逆に言うと、土台ができたなと手応えを感じたら急に発行頻度は落ちていってました。これは今でも反省してますけどね。

皆さんと子どもたちの素敵な日々をつくることに本書が少しでも役立てばいいなあと願っています。

本書は、「飛行船」（平成3年：2部4年）、「輝跡」（平成18年：3部4年）、「輝跡」（平成11年：4部4年）の三部構成となっております（クラス替えが中心ということで、「輝跡」はどちらも4月まで）。各時代の学級通信・学級づくりの様子をお楽しみください。

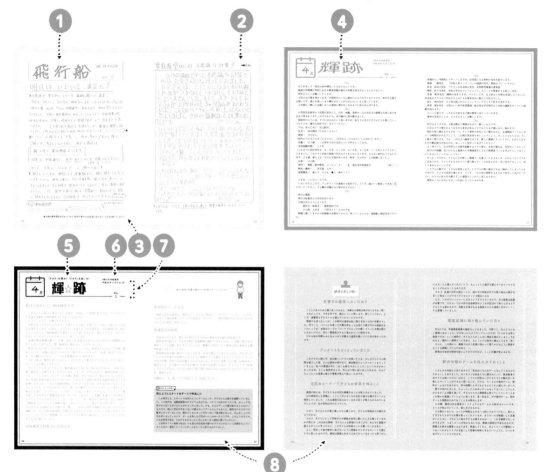

① 平成3年（1991年）の学級通信「飛行船」（2部4年）です。当時は手書きでした。できるだけそのまま残していますが、個人情報に関することは斜線で消しています。

② 該当ページの「通信を支える想い」で当時のことを解説しています。

③ ★部分の注釈です。

④ 平成18年（2006年）の学級通信「輝跡」（3部4年）です。4月分のみ掲載しています。

⑤ 平成24年（2012年）の学級通信「輝跡」（4部4年）です。4月分のみ掲載しています。

⑥ 学年と部です。筑波大学附属小学校（以下、筑波小）では、「組」を「部」と称し、学年を後につけています。なお、クラスは3年間の持ち上がりです。

⑦ 学級通信を発行した年月日と号数です。個人情報等の関係で本書に掲載していない号もあります。

⑧ 「通信を支える想い」です。当時のクラスの様子や学級づくり等で気にかけていたことを、学級通信の内容を通して記載しています。

学級通信 平成3（1991）年

「2部4年」バージョン

「飛行船」

筑波小に赴任して一年目の4年生手書きです！

筑波小初代「たなかひろし」学級のスタート

「はじめに」でも触れましたが、当時は社会科の有田和正先生の書籍がたくさん出版されていて、地方の書店は有田先生の本で埋めつくされてました。

そんな憧れの先生のいる筑波大学附属小学校の一員に自分もなれることを、とても光栄に思うのと同時に、着任の日が近づくと大きな不安も感じ始めていました。そして、その不安はすぐに的中します。

地元の教員時代は、いろいろな本を読んで、その実践を真似し子どもたちを楽しませることがある程度できていたので自分に少しは自信をもっていたのです。ところが筑波小に赴任してからは何をしても子どもたちの方が前を歩いていることに気付かされました。

その典型場面がこれ。

私「どう、こんなブーメランがあるんだよ。みんなで作って校庭で遊ぼうか」

子どもたち「わーい！」

子どもA「でも、先生、私たちこれ知ってるよ。低学年のとき、（田中）力先生と作ったよ。これね、もっとこうすると楽しいんだよ」

私「え？ あっそう……」

あとから振り返ると、私がネタ本にしていた書籍の多くには、奥付に筑波大学附属小学校の先生の名前がいくつもありました。その本家本元で真似しても子どもたちには何の新鮮さもないことを、わずか数日で思い知ることになるのです。

同学年には、NHKの理科番組で有名な先生、社会科や生活科で活躍されていて学級経営もピカイチと言われている先生、筑波大学で博士号をとっている国語のサラブレッド……。

私が太刀打ちできる要素は何一つなかったのです。

保護者からすると、田舎から上京してきたばかりで、東京の厳しい受験指導のイロハの体験もない世間知らずな青年教師。いわゆるはずれ教師でしかなかったわけです。

そんな田中博史の筑波大学附属小学校初代の教え子との日々を、どうぞ温かい目でご覧ください。

飛行船

2部4年 学級通信
発行者 田中博史
〈NO. 1〉 H3. 4. 9

はじめまして
担任の田中博史です.

第1号の通信は 私の自己紹介を します.

〔氏名〕 田中 博史（たなか ひろし）

　※ 既に本校には 田中弘 先生が いらっしゃって 呼び名に とても 苦労しています.

　"田中先生" と 呼ぶと 3人の先生が、"ひろし先生" と 呼ぶと これまた、3人の先生が 返事を してしまうと いうわけです.

　今のところ 算数の 田中先生と よんでもらっています. （やこしい～）

〔生年月日〕 昭和 33年////月 ////日　　もうすぐ 33才になります.

〔家族〕 妻一人. 子 1.5人（？）
　　　　　　　　　↳ もうすぐ 2人目が 生まれますので…

〔専門〕 算数・数学教育

〔特技〕 空手道. スキー　パソコン　その他

〔性格〕 明るい 、 元気 、 時々 //// に なる？？
　　　　　　　　　　　　（子供達は 鬼 と いいますが…）

〔教職経験〕　10年目に なりました.
　　　　　　　（複式、1～6年 すべて もったことが あります.）

〔出身〕 山口県

私は、これまで 山口県で 教師を していました。前任の 手島先生
とは、全国組織の 算数の 研究会で いろいろと お世話に なっていました。
その関係で 一年の間に 何度か、東京へ でてくることが ありましたが
まさか、こちらの地に 住むように なろうとは 夢にも 思っていませんでした。

4月は たくさんの 別れと 出会いが 生まれる時。
　私と この 39人の 子供達との 出会いも その ひとつです。
　この出会いを 価値ある ものと するために、これからの 一年間、が
んばっていこうと 思います。 どうぞ よろしく お願い いたします。

これから 一年間、この 学級通信を 通じて 学校での 子供達の様
子や 連絡事項を 伝えたいと 思います。

私の 学級通信の 特徴は ————

1. 不定期 的で ある。（でる時は 1日に 3枚 でたりするけれど
　　　　　　　　　　　　でなくなると 2週間ぐらい でない時がある）

2. 授業 報告 や 子供の 様子の 報告が 8割、事務連絡が 2割です。

3. 字に 自信が ないが それでも あえて 手書きに しています。
　　この方が あたたかみ が ある！と いう主張からです。
　　（ 時々、誤字、脱字が あるかも しれません。ご容赦下さい。）

4. 読者は、学級の 子供達、保護者、同僚 が 対象です。
　　（そのため 時々、文体が かわります。）

連絡 ————
／4月11日の子供達の予定は4校時まで授業、給食・そうじ終後、下校 となります。保護者会
の日ですので 行き違いになります。念のため お知らせ しておきます。

何卒
どうぞ よろしくお願いします!!

飛行船

平成3年4月11日
2部4年 学級通信
NO. 2

これが 2部4年の 子供達です！

　子供達に アンケートを とりました。その中から 一部を紹介します。

➡️P.16

好きな 教科 BEST 3
	1位	2位	3位
男子	体育	算数	総合活動
女子	体育	音楽	算数

※男、女とも 算数が 入ってます。(すばらしい！) 算数ぎらい が 一人 いました。これから 高学年に なるにつれて 算数ぎらい が 増えていくと 一般には 言われてます。

　このクラスでは そういう傾向に ならぬよう 私も がんばりたいと 思っています。

将来の夢は 何ですか
(男子)
　　動物に関係 ある仕事・ピアニスト・サッカーの選手
　　医者・プロ野球の選手・八百八・学者
　　剣道の達人・社長・宇宙飛行士・ちゃんとした大人 etc

(女子)
　　動物の研究・オペラ歌手・科学者・バレリーナ
　　ケーキ屋さん・学校の先生・スチュワーデス・絵かきさん
　　医者・マンガ家・ピアニスト・アイドル etc

※ 個々の ユニークな面が よく でてます。「ちゃんとした大人」 というのは どういう意味かな〜。

012

田中先生への要望
・はやく学級文庫をつくってよ。・おこる時もやさしくしてください
・みんなといっしょにこれからも遊んでください
・毎日、いのこりさせてよ。・総合活動でおもしろいことしよう!
・キックベースを毎日させてください。 etc

日記のコーナー ➡P.17

といった感じです。実現できるものはどんどんやっていきますね

今日、算数の時に、大きい数の勉強をしました。大きな数で読みやすいのは、四けたずつしるしをつけると読みやすいです。それと1からどんどん二倍ずつして31回すると十億七千三百七十四万千八百二十四でした。しかも先生は暗算でやっていたのでおどろいてしまいました。…(中略)
もと三部三年では、ぼくが一番計算がはやかったから、うれしかったけど田中先生にはかなわないのでくやしいです。ぼくも早くだんをとって先生みたいに10けたとかの見取り暗算ができるようになりたいです。(////////////)

今日、ドッジボールが終わったあとにサザエさんゲームをした。サザエさん足上げてといったら足を上げて、足上げてといった時は足を上げたらいけない。なぜかというとさいしょ、サザエさんといっていないから。ひっかかったら前に出る。さいしょの時はだれもひっかからなかった。先生はいろんなゲームをしてくれるからうれしい。…(略) ➡P.17 (////////////)

4年生になってからの4日間の様子、少しは伝わりましたでしょうか。係活動も自分達で話しあって決めていました。内容的には少々、疑問を感じる係もありますが、子供達と話しあいながら改良していきます。(私は係活動は学級文化を作れるものでないと意味がないと思ってますので…。)

飛行船

2部4年 学級通信
平成3年 4月15日
NO.3

算数教室 (NO.1)「O」の意味を考える. ➡P.17

　大きな数の学習をしている。ここでは 億や兆という大きな 数を表す位の名を知り、4けた くぎりに すると 読みやすいと いうことに 気づかせる。そして 同時に 3年まで 学習してきた 十進 位取り記数法 のしくみを より確かに していくことを ねらって いる。 ひと通り、 読み方と 漢数字に かくことを 指導した後

| 35093021 | 左のように O が 2つ 入っている 数 を提示して、 |

まず

『O って どういうことを 表すもの？』

とたずねた。

　すると 「何も ないことだ 」 という。

私『何もないってことだね。では 35093021 の
2つの O は 同じ意味？』

　同じだ。 という子 が 5～6名。 ちがうという子か 多数。

同じだ という 理由

・O というのは 何もないから 位が ちがっても 何もな いのなら 同じことだ、

・数が あるところだと 同じ数字でも 位が ちがえば 意 味が ちがうけれど Oの時は 同じである。

ちがうという理由　（4004を例にして）

{・4004の時でも、2つの0は「よんせん れいひゃく れいじゅう
よん」と 読めて、はじめの0は 百がないという意味で 次の
0は 十が ないという意味だから、ちがうと思う。}

表現は 異なるが 同様の 意見が 次から 次へと 出る。
この時間、20名の子の 発表が あった。実に 活発なク
ラスである。知的に 鍛えられている。

（不満なことは ひとつ。黒板とにらめっこして 発表する子が 多い
ということ。きいている友達を 説得する 迫力が 欲しいと思った。）

しかし位取りの 原理を 再認識 させるためには、この『2つの0の
意味は 同じか』という 問いは おもしろかった。

4月24日　森林公園で サイクリング！

先週の 土曜日、4年部の 先生 でそろって、森林公園ま
で下見に 出かけた。実際に サイクリングもしてみた。雨あが
りの おいしい 空気を たっぷり すいこんで 5人の大人がギャー
ギャー 言いながら 走りまわった。途中、水遊び場や冒険コース
もあり、子供達の 喜びそうな コースだった。

自転車に 乗れない子、または やや不安だという子が チラホラ、
いるようです。私の 後ろに のせて 走ることも 考えましたが この
コースは、やはり、自分で自由に 走れないと 楽しさも 半減し
てしまうと思います。あと一週間ありますので、ご家庭で 練
習されると 良いと思います。（乗れなくても 楽しめるように 配慮は いたし
ますが…）

通信を支える想い

手書きの通信へのこだわり

こうしてあらためて振り返ってみると、手書きの通信は味がありますね（笑）
それにしても、下手な字です。読みにくいと思います。許してください。よくぞ、保護者も子どもたちも読んでくれていたものです。

冒頭でも述べましたが、この時代の通信は私に限らず多くの方が手書きでした。今でこそ、パソコンを使って文書を作ることは当たり前ですから抵抗はないでしょうが、当時はワープロ（ワードプロセッサの略）でうった文書は確かにきれいだけど、冷たい雰囲気がすると言われていた時代です。

だから私の仲間もみんなせっせと手書きで通信を書いていた方が多かったのです。

アンケートをよくとっていました

このクラスに限らず、私は新しいクラスを持ったとき、少し子どもたちと時間を過ごした後、または夏休み明けなど、節目節目でよくアンケートをとっていました。私への要望の中に「おこる時もやさしくして」というのがかわいかったなあ。きっと低学年のとき、叱られて怖い目にあったのかな。なんてちょっとした言葉に彼らの背景が見えて楽しいものです。

日記のコーナーで子どもの世界を知ること

通信の柱には、子どもたちの日記を掲載することを取り入れていました。
山口県時代にも同様に、こうして子どもたちの日記で彼らの様子をたくさん報告していました。これは通信を出されている方の多くが取り入れられているでしょうが、私の目的は次の三つでした。

その1　子どもたちが家に帰ってから書くので、子どもの学校外での様子がよくわかる。
その2　子どもにとって学校のどの場面が自宅に着いたときも残っているのかが見える　これはある意味、子どもによる評価でもあります。あんなに算数が盛り上がったと思ったのに、この子どもは体育のことを書いているなあと……。
よし、明日こそ他の教科に負けないように頑張るぞと子どものノートを読むたびに思ったものです。最初は授業もあまり工夫できていなかったと思うのに、

小さなことに喜んでくれていたり、ちょっとした遊びを喜んでくれていたりすることがわかることもあります。

その3　友達の日記を読むことで、他の子の学校以外での取り組みの様子を互いに知ることができて子どもにとっても励みになる

ただ、これがプレッシャーになるという子どももいるので、ある程度は配慮が必要です。だからいつも大作の自由研究のような日記ばかり取り上げると子どもたちも疲れるので、気軽な日常がわかる程度のものも適度に交ぜていくことを意識していました。

授業記録に取り組んでいた日々

NO.3では、早速算数授業の報告をしてみました。今思うと、なんとつたない実践であることか。穴があったら入りたいぐらいですが、「2つの0は同じ意味ですか」という発問で、子どもたちがこんなに理由を語れているところをみると、案外いい発問だったなあと、ちょっとだけ自分に感心してます（笑）

さらに、この頃から、黒板ではなく友達に向かって語りかけるように発表することを意識してたんだなあと……。

表現力を自分の研究の柱にしてきたのだけど、ここに片鱗が見えるかな。

野外活動のゲームを仕入れておくこと

このときの日記にもありますけど「先生はいろんなゲームをしてくれるからうれしい」とありました。大ベテランの先生たちに囲まれていて、教科教育ではすぐには追いつけないけれど、こうした何気ない子どもたちとの触れ合いを楽しんでいくことはできると思いました。だから、たくさんの室内ゲーム、野外ゲームなどを仕入れて、休み時間にも子どもたちとたくさん遊んでいました。

帰りの会のときにも、ちょっとしたふれあいゲームもしてました。こうした小さなゲーム活動を通して、子どもたちの人間関係も育てていくということをこの頃から意識していたように思います。若い先生方、ぜひ室内ゲーム、野外ゲームを複数仕入れておくことをお勧めします。

その際、最初はある程度オーソドックスなゲームから始めるといいです。ルールが伝わりにくいと、楽しめませんから。

でも慣れてきたら、ルールが特殊なものを一つ試してみてください。果たして子どもたちがそれを聞き取ってくれているか、またルールを勘違いした友達がいたときに、どのように他の子どもが接するのか……。これを観察することができます。うまくルールが伝わらないのは、教師の説明力不足もあるので、授業力を高める練習にもなります。熟達してくると、あえてルールを曖昧にしておいてわざとトラブルを起こして指導の材料にするというように、レベルをあげていくこともできます。

飛行船

考えることを 楽しむ子を育てる！

教室の窓側に「パズルのコーナー」を 作りました。➡P.24

先日の日曜日に "おもちゃ屋さん" を いろいろ まわって子

供達が 喜びそうな パズルを 5つ 買ってきました. 紹介すると

(1) バラバラになった 金の かたまりを 組みたてるパズル

(2) 1億円の 札束を うまく トランクの中に つめられるか…。

(3) アメリカン オセロ (四目ならべ が 工夫されたもの)

(4) ：   (あとは 言葉では うまく説明できませんので 省きます

といった 調子.

　休み時間になると 先を争って このコーナーに 集まってきます。

　子供達は こういうことが 大好きです。

(ところで ご家庭に もし 使い古された パズルや もう あきて

しまって 使わなくなった パズルが あれば. このコーナーに

一時 貸して いただけませんでしょうか。)

考えることを 喜ぶ 姿 〜日記より〜

今日. 帰ってきてから 吉四六パズルを やりました。1〜7番

まで、かんたんに できたけど、8番が とても むずかしくて何

回も 何回もやってみましたが 1回も できなかったので 9番

10番を 先に やりました。すると けっこう かんたんでした。

そして とうとう 今日は 8番が できませんでした。明日は がんばるぞ〜

これは //////くんの 日記です。吉四六パズルとは 私が算数の授業の 第一回目に 子供達に 教えたもの です。あれ以来、ずっと 頭を悩ませて、考えつづけている 知的な 子供達が たくさん います。うれしい かぎりです。

//////くんの 2日後の 日記には、こう ありました。

今日、また 吉四六パズルを やりました。8番を がんばりました。そして 何回も やってるうち だんだん できてきて、やっと 8番が できました。(図入りでした。) いままで 何回も 何回も やっても できなかったのが 夢のようです。ワレイ ラッタッタ〜

ここまで ねばり強く がんばる //////くん に 感心 しました。
もちろん こういう「がんばり」を 見せる子は 他にも たくさん います。
このように 考えること 自体を 楽しむ子を どんどん 増やしていきたいものです。

飼育係が大活躍！ 小鳥の次は金魚が…

先週、//////さんが 小鳥を、昨日 //////さんが 大きな 水そう (お父さん) を運んできてくださいました。それにしても、この 協力態勢には 頭の下がる思いです。昨日の学級会では、この水そうで 何を飼うのか が 話しあわれました。できるかぎり 子供達の 意志を 尊重 いたしますが …（鯨なんて いわれても 無理ですけど。）
どうなることやら〜

飛行船

算数教室 (NO.2) 1億って大きいなぁ!!

この単元の授業は単調になりやすい。いかにして 億や兆の量感を味わわせるか がポイントである。子供の感想を 記す。➡P.24

算数のじゅぎょうで『天井の穴の数はいくつ』という問題がありました。私は次の計算をしました。

40個 × 40個 = 1600個 … これは1ますの穴の数です。

9れつ × 6れつ = 54 … これはましかくの数です。

22個 × 7個 + 20個 × 34個 = 794

794 × 4 = 3176
1600 × 54 = 86400 } = 118160

34 × 40 = 1360

1360 × 12 = 16320

118160 + 16320 = 13,44800個

というふうになります。

もしかしたら計算ミスや数えまちがえがあったりします。私の考えではこういう計算になります。
―/////////////// さん ―

子供達は必死で 数えていた。
最初、予想で 1億だ、1兆だと さわいでいた子供達だが
計算してみると 意外に 少ないことを 知って 驚いていた。

今日は、算数の時間に、学習班で天井にあるあなの数はどれくらいかと言う問題をしました。まず予想を出してみました。ぼくは、最初に2億こぐらいだと思ったんだけど、「学習班で調べてみましょう」と先生がいって数えてみました。するとりがしに少なかったのでとってもびっくり!!2億こがやく10万〜13万こになってしまいましたぼくはその時「1億ってとても多い数なんだな」と思いました。「10万〜13万の何ばいが2億になるんだろう」と思っていたら授業が終りました。
　そして今日2回目の算数の授業のときに、ドリルをもらってやりました。「けっこうかんたんだな」と思ってやったらまん点でした。「今日の算数は2時間ともおもしろかったな。」と思いました。//////////くん

その驚きの様子は左の日記によくあらわれている。
　1億や2億になるには、教室の天井が何に分だろうと考えてみると、附属小学校のすべての天井の穴を数えても足らないということも

わかった。億という単位はそれ程すごい。その上の兆となるともう我々の想像の域を超える。──(その昔の国家譜である。)
　ちなみに1万円札で50兆円になるように重ねて並べたらどこまで並ぶだろうか。東京から始めるとその行先は???
　　　　　100万円を1cmとして考えてみると、計算できる。
　　　　　計算してみてびっくり！（あとは、興味のある人、どうぞ）

東京 ──→
□□km

♪パ◎ズルコーナー　大人気！

　パズルコーナーにたくさんのパズルが集まりました。こういうものに触れる機会が多いと知的好奇心、根気強さ、チャレンジ精神が旺盛な子になること間違いなしです！

飛行船

平成3年.4月18日

（NO.6）

算数教室（NO.3）　授業追想記を 書く！

　私は 以前から 授業後に 算数授業の 追想記を 子供達に
書かせている。今年は、まだ そういう 指示はしていない。けれども、
日々の 日記には 授業のこと が多い。私が 飛行船で 取りあげて
いる日記を 読んで 感化されてか、どんどん 授業追想記が 増え
ている。この調子なら 特に 算数日記を 作らなくても すみそう
だ。もちろん、この 飛行船では 全員の日記を 一度は 登場さ
せるつもりなので 日常の 記録としての 日記でも おもしろいものは
どんどん のせることにしている。尚、登場順は その日、その日の
思いつきである。ご容赦 願いたい。

➡P.25

今日、算数の時間に０〜10までの数を使って
べんきょうをしました。
まずは、その数を使って いちばんちいさい
数を作ってみました。
そうしたらぼくは、1001234567891 にをりました。
先生はつぎ にこうゆうことを言いました。
「０〜９までを使って一番小さい数 から、2番めの数
と3番めのかずと4番めのかづと5番めの数を書いて
ごらん。」とゆった。
ぼくは、はじめこうゆうふうに思った。
2番は201345678933番は301245679、4番は、401

23567889、5番は6012345678だった。
ほかの考がえの人がいるとゆうことは、ぼく
がまちがっているのかもしれないと思った。
すごく気になって家にかえってきて、考えてみたんだけ
ど、やっぱり、ぼくの考がえ方では、ちょっと大きす
ぎるなと思った。
ぼくははじめ大きい数をかえればいいと思ったけど
小さい数の方からふえていくんだから一の位の数字
をかえればいいと思った。
そうしていった結ろんはこうなった。
一番小さい数　　　1023456789
二番目に小さい数　1023456798
三番目に小さい数　1023456879
四番目に小さい数　1023456897
五番目に小さい数　1023456978
六番目に小さい数　1023456987
七番目に小さい数　1023457689
八番目に小さい数　1023457698
九番目に小さい数　1023457869
十番目に小さい数　1023457896
十一番目に小さい数　1023457968
こんどの算数の時間これがあってるといいな

────────────//////////くん────

0〜9までのカードを使ってという問題はよくある。これに1回のカードを
入れると とまどう子がいた。0〜9のカードを使って一番大きい数、小さい数を
作らせるという問題もよくある。これを 小さい方から 5つ作れ とすると おも
しろい。

※ ファイルを先週 注文しましたが まだ 届きません。ご迷惑を おかけしています。

教室経営も算数教師らしく

　ともかく、新人教師です。他のクラスにはないことを、なんとか作ろうと焦ってました。しかも算数専科としての「たなかひろし」も感じてもらわないといけない……。

　そんな想いも当時はあったのだと思います。

　それが、教室の中にパズルコーナーを作ることでした。短絡的ですけど、これには子どもたちも喜んで休み時間に集まってきました。

　私の用意したパズルだけでなく、子どもたちの家庭からも古くなってあまり使わないようなパズルがあれば貸してくださいというようなこともしてました。

　それが、その後いくつかの事件を引き起こすことも知らないで……。

授業追想記を書くという取り組み

　当時は、有田先生が流行らせた「追究の鬼」という言葉が、教育界を席巻していました。社会科だけではなく、多くの教科がそれこそ個別最適な学びのような探求学習を目指していたのです。「知的好奇心を育てる」なんて言葉も流行っていて、私もよく使っていました。

　時代は繰り返しますね。今、読むと古い実践なんですけど、これこそ算数の探求学習なんじゃないかなあと、自画自賛してます（笑）

　時々、自分が過去にしてきたことをこうして振り返ると、当時は当たり前のようにして取り組んでいたことに新たな価値も見えてくるものですね。

　NO.5では、教室の天井の穴の数を数えるなんて、今考えると浅はかなことをしていたものです。

　いつも過ごしている教室ですが、天井を見上げると小さな穴が無数にあるように見えます。

　私が「これ、穴は何個ぐらいあるのかなあ」とつぶやくと、子どもたちは1億とか1兆だとか大騒ぎになります。

　子どもは、数えられないほど多いと感じたときに、この単位の言葉を使うようです。そんな子どもたちと、せっせと数えました。

　すると、なんと10万個程度しかないことに気が付くわけです。

　4年生では、概数の学習もするので、その体験にもつながります。これで24学級集めても、240万個。専科教室を含めても300万個程度ですから、1億という数の大きさがよく体感できます。

　子どもたちの日記にもそれが表れていました。

一人の授業追想記に感化されて
他の子どもたちも動き出す

　こうして通信に一人の子どもの日記を掲載すると、他の子どもたちも真似を始めます。最初、通常の日記しか書いていなかった子どもが、友達の書き方を見て、そうか、こんなふうに書けばいいのかと学んでいくところに意味があると考えます。

　NO.6の子どもは数字カードを使って数づくりをしたときのことを、こうして延々と整理してきたわけです。紙面の多くを数字で埋めていますけど、こういうやり方もOKなわけです。

　この子どもたちの中に、私の実践では今では伝説にもなっている「直方体の展開図は何通りあるか」をすべて調べ上げた女の子がいました。その結果はそれまで算数の本や教科書指導書などで書かれていた事実とは異なったものでした。最初、私はその子の数え間違いだと思っていたのですが、彼女の整理を見て、実は大人の方が間違っていたのだということがわかりました。

　その後、いろいろな世代でこの実践は試みて、授業DVDにもなっていますが、そのスタートを作ったのがこの時代の子どもだったのです。

　追究の鬼は算数でもちゃんと育つことを子どもたちから教えてもらいました。夢中になると、大人が驚くぐらい集中力がある子どもたちの本当のすごさをあらためて教えられました。その推進のエネルギーである子どもの問いの大切さも実感させられました。

　でも、実はこれは私の力ではなく、1年から3年までの間にいろいろな教科を通じて、こうした追究活動の取り組みを楽しいと感じて育ってきたからだと思います。今、注目されている個別最適な学びもブームではなく本質を追ってほしいと思います。

飛行船

明日は いよいよ 遠足だ！

▶子供達が 楽しみに している 森林公園への 遠足。

今日は うれしくて なかなか 眠れない子も いるのでは ないでしょうか。

明日の朝、みんな きちんと 時間通りに 来れるよう 今日は 早く ふとんに 入りましょう。8時の 集合場所は わかったでしょうか。全体指導の時、田中カ先生が 丁寧に 地図入りで 説明された ので 大丈夫だと 思いますが…。（欠席される場合は 友達のところへ 電話を 確実に 入れて下さい。6時30分までに わかっていれば 私のところでも いいです。//////////////////）★

▶ところで 心配なのは 天気…、雨が 今日の夕方から 降るという 予報です。考えたくないけれど、雨天の場合は

> 朝 6時に 電話連絡を します。

日課は 平常通りで、弁当、水とう などを 持参させて 下さい。
　　　　　　　　　　　　　　（おやつも、O.K）

あした 天気に なぁれ！　と 願うのみです。

▶帰りのことですが 原則として 池袋駅まで 一緒に 帰ることになっています。ただし 途中下車して 別の 交通手段で 帰った方が 速いという 子も いますので その手段も 認めることに しました。但し 事前に 届て下さい。　尚、途中下車した後は 各家庭で 責任をもって 安全に 帰れるようにお子さんと 打合せを よくしておいて下さい。（運賃の払い戻しは いたしません）

訂正 電話連絡網

////////// ////////// → 正 //////////　////////// 正 //////////
　　　　　　　　　　　　　　　　　　　　　　　　　　↖8が半分消えてました。

★当時は携帯電話がなかったので、校外行事のときは友達に伝えるという方法も使っていました。

算数教室 (NO.4) 不思議な 計算！

　　　今日の算数でやった 不思議な 計算で、私は、お父さんときょうそうしてみました。お父さんは、たして10になるとか同じ数とか 気がつかなくて「ずるい」ともなんとも 言いませんでした。そして、スタートしてお父さんが2問目のとちゅうで私がおわりました。こんないいチャンスめったにないと思いました。今日の 算数は、とても楽しかったです。

/////////// さん

今日 4時間目の算数の時 NO.10になったので 楽しいことをしました。不思議な 計算をしました。ぼくは最初 なにをやるのかわかりませんでした。先生が 計算を書いてちょう。はやく計算してしまったので びっくりしました。
（最初っから 答えがわかっているんじゃないのかな。）

と思いました。すると、最後の方になってくると ぼくにも ちょうはやくできました。家に帰ってから、お母さんに話して やって見せると、
「すごーい。どうして そんなに はやくできるの？」
と言われました。べつの計算でも、そういうふうにできるといいな。♪

/////////// くん

※しばらくは、こうして <u>子供の日記を通して</u> 授業の風景を 伝えることにします。

飛行船

さわやかな汗、春の陽射しの中、 かけまわる 自転車軍団！

➡P.35

皇太子がおいでになるとのことで 物々しい 警護の中、子供達は 元気 いっぱい 走りまわりました。昼の わんぱく広場では 夏の光景（水泳？）も 見られた程の よい天気。他校の子供達も うれしそうに 水遊びを していました。いずれも 着がえ持参の大らかな学校ばかり…。（筑波大附小の影響だ とは かげの声。）感激の子供達の声を 日記の中から 紹介します。

ついに、遠足の日がやってきた。朝起きてねぼけて池袋に行って森林公園に着くと、いきなり、目が覚めるほど美しかった。写真をとった後、みんなで、自転車でいろいろな所へ行った。まず、一本道でずっと行くと、休けい所があった。そこで水当の水を飲んだり、おやつを食べたりした。それから、出発して、着いたのは、わんぱく広場だった。そこで下車して、冒険コースに行った。と中でがたから落ちて、けがをした。でもすごく楽しい所だった。正午にふん水の前でお弁当を食べて、水の中に入った。熱い日なので入るとすごく気持ちが良かった。そして帰り道、けしきのいい森林の中ですいすいとこいで行くのが何よりも楽しい。おまけに空気も都会と比べると、おいしい。川や山がいっぱいあって、田や畑もたくさんあった。こんな所には、何度来てもいいぐらい、いい所だ。南口に着いた時、もう少し いたかったなあというぐらい、きれいで楽しくて美しい所だ。ぜひもう一度行ってみたいな。

////////// くん

今日やったサイクリングはとてもたのしかったです。
みどりがいっぱいあって、さわやかなそよかぜ、とでもよかったです。
さいしょはらくらくのっていたけれども、おりたりすると自転車の方がたいので、のるのにすこしたいへんでした。
でも、のるのになれるとすぐのれるようになりました。
行きにも、帰にも、いっぱいのきゅうけいじょがありました。
トンネルをくぐったり、はしをわたったりとでもたのしかったです。
でも、わたしは、サイクリングなりよ、ぼうけんコースの方がよかったです。
はしをわたったりブランコ、ターザンいろいろありました。
その中でいろばくたのしかったのが90度かいてんするブランコ。
いきなり上まであがってガタと音がします。
あそびにむちゅうになって、時間がたつのしわすれてしまいました。
帰りは、おりるさかがらくだったけどのぼるさかなとでもたいへんだったです。
またこんど、かぞくで森林公園にあそびに行きたいな。

さん

この日、私が感激したことがひとつある。//////さんだ。自転車に乗るのは苦手だといっていた彼女がこの日のがんばりですいすいと乗れるようになった。彼女いわく…「きのうまでは4～5mぐらいしか進めなかったのに…。友達が応援してくれたのでがんばった。」
すばらしいと思う。こわかっただろうと思う。午前中はそれでも何度かころんでは起きあがっていた。午後になると、私もついていくのに大丈夫かなと思う程スピードをだしていた。やはり何事も努力次第で道は開けるものである。私の中学時代の恩師がいつも言っていた。

成るか成らぬか わからぬ時は
成ると思って努力せよ！

シンプルだが名言だ。

手島勝朗先生の実践に学ぶ

　NO.7の子どもの日記にある算数授業は、私の前任者である手島勝朗先生の有名な実践の追試です。手島氏の『算数科 問題解決の授業』（明治図書）は、若いときの私のバイブルのような本でした。この中にあった実践をよく真似してました。幸い、このクラスはまだこの教材を経験してなかったので、この日の授業にはとても喜んで取り組んでくれました。

　この問題では、あるきまりを発見すると、あっという間に答えが出るという面白さがありました。これを楽しんだ子どもたちが、家に帰ってからお父さんに試してみたというのを日記で読んで、家庭にこういう伝わり方をするというのはいいもんだなあと思ったのでした。

　このとき、追試していた教材の内容を少しだけ紹介しておきます。

　次のように2けた×2けたの計算問題を子どもに提示します。

　　24　　32　　27　　45　　36
　×26　×38　×23　×45　×34

　問題を書くと、子どもたちから「全部十の位が同じだ」とか、「一の位が合わせて10になってる」などの声が出ます。私が提示した問題自体の持つきまりがこうしてまずは話題になります。

　ここで、子どもたちに「今日は計算練習をします。先生とどちらが速くできるか勝負しよう」と告げて取りかかります。

　すると教師はあっという間に暗算で計算してしまいます。子どもたちが「ずるい。最初から答えを知っていたんじゃないの」なんて言うので、では君たちが作ってみてもいいよと告げて、先ほどの問題自体の持つきまりにあわせて新しい問題を作ってみます。

　つまり十の位が同じ数字で、一の位の和がいつも10になる問題です。

　これで同じように勝負しても、先生はあっという間に計算してしまいます。これで、子どもたちが、どうやらこの計算の仕方には何かきまりがありそうだと気が付くわけです。

　読者の皆さんも考えてみてください。さらに高学年では、なぜそれで計算できるのかを話題にしていくと深まります。

　ただ、このとき、いいなと思ったのは、こうしたことを知ると誰かに話したくなるという子どもの姿でした。だからそれ以降は、授業で見つけた面白さをどのようにして家の人に伝えるかということ自体を課題にしていたこともあります。

　簡単なのは、算数手品の活用です。数字を使ってできる手品をよく使ってい

ましたが、授業の中で種明かしを知ると、やはり誰かに試したくなりますから。これはある意味、子どもの姿を通した通信だと考えることができると思いました。

自分なりの算数実践を生み出そうと
努力するけど……

　子どもたちに、新しい田中先生の算数は面白いと思ってもらいたい。そう思うと、このように既に発表されている先輩たちの面白い実践を追試する方が確実です。

　でも、それを続けていたのでは、いつまでたっても自分のものができません。

　確実に面白いと思ってもらえる授業がしたい、でも自分なりの世界も早く見つけたい……。このバランスにずっと悩んでました。

　山口時代は、いつも有名な実践家の真似をしていればよく、ある意味楽でした。まわりにもあたかも自分で考えたかのように話していると、算数の専門家のように扱ってもらえますから（笑）。ちゃんと先行実践を尊重しましょう。でも、このままでは本当の算数授業づくりの研究者にはなれない……。そんな想いでずっと悶々としていたのを覚えています。

サイクリング遠足のときのドラマ

　4年生の遠足はサイクリング遠足が毎年のように行われていました。公園の中にあるサイクリングコースを使って子どもたちは一日自由行動をするのです。しかし、一つのグループの中に自転車に乗れない女の子がいました。子どもたちは、その子のために自分たちのグループはサイクリングをしないで徒歩で遊具をめぐって遊ぶのでいいのではないかと話し合っていました。ところがその女の子は、「いや必ず乗れるようになっていくからみんなでちゃんとサイクリングで遠足しよう」とみんなの提案を断っていました。

　そして当日を迎えました。スタート時点では、やはりうまく乗れません。何度も転んでました。私はしばらくそのグループを見ていたのですが、なんと子どもたちはその女の子に自転車の乗り方を教えるということを、遠足の中心活動にしたのです。ゆるやかな坂道を探してまずはペダルをこがないでやってごらんと言う子。自分が家で教えてもらった方法なんだそうです。こうしてスタートしてから60分間。彼らはその女の子のために自転車の特訓をしてました。

　それにしても、みんななんとにこやかなことか。しばらくすると、みるみるその女の子は自転車に慣れていきました。そして弁当を食べる頃には、すいすいと乗っているではないですか。遠足から帰ってきた後で、保護者の方もそれを聞いて感動されていました。家族であんなに練習してもだめだったのに……と。子どもの力ってすごいものですねと涙ながらに語っていらっしゃったのを今でも覚えています。

飛行船

H3. 5. 7
2部4年 学級通信
No. 9

アクロスティックで 自己紹介 ➡P.44

先日の 国語の 時間のこと。子供達と ことば遊びをして
みました。アクロスティックといって、自分の 名前を 頭文字に
使って 楽しく 自分の 紹介をするのです。秀作を 紹介します。

<table>
<tr><td>

- な かよし いっぱい
- か んじは にがて。
- む きになったり
- ら くしたがる
- と もみです。
- も う 10才なんです。
- み んな、なかよくしてね。

</td><td>

- や まで 生まれ
- ま ん点を とり
- ぐ ーぐー よくねて
- ち からもち
- な んてことは ない
- お とこの子
- ひ ろい
- こ ころを もちたいなあ

</td></tr>
<tr><td>

- す きな本を
- ず っと よんでいる。
- き が つくまで。
- り えが 好きな本は
- え すえふ (S.F) ミステリー

</td><td>

- た きざわ あいこ
- きょ うも げんき。
- ざ くろが すき。
- わ たあめも すき。
- あ いすくりーむ 大好き
- い ちごも 大好き。
- こ んな子です。

</td></tr>
</table>

先日、子供達に『G.W. うそ日記』
なるものを かかせて みました。
「作文 きらい！」と いってた 子供達が 4枚、5枚と かいてました。
本当の G.W. いかが だったでしょう？

なんでも するよ
るんるんるん.
しあわせ いっぱい
まるい かお
ますかっと すき
りんご すき.
こんな わたしを どうぞ よろしく

たじりんごと よばれている.
じを 書くのが 好きで
りかが にがて
さわがしい
やきいも 大好きな
かみの 長い 女の子です。

ゆーさんて ニックネームの
あかるい わたし
さかなを かってて
みんな ともだちで
さかだちの 好きな 女の子. もうすぐ
とうの たんじょうび

どうですか。なかなか. おもしろいでしょう。

男子も ユニークな作品が たくさん ありましたが. 自己紹介に なっていないものが 多くて 残念。

今回は 5月7日、提出分から 力作(?) 7つを 選んでみました。 いかがでしたでしょう。

新聞社 乱立.! どんどん 出るぞ! すごいぞ!

これまでに 発行された 学級の新聞 ★枚。 すごい量です。
最初にでた新聞を見て 一言、「○○新聞社 らしさ が ない。大人の新聞の 記事を そのまま マネても だめだ!」と 告げました。
すると 次回からは 各新聞社が いろいろ 工夫を こらして. がんばりはじめたのです。 ともかく 「らしさ」を 大切に したいと思います。 多少. 字が 汚ないところは 目をつぶって…。
最近では パズル係の パズル新聞なども 登場してきて 大変. 係活動は 盛りあがっています。

★数え切れなかったので 空いています。

飛行船

角の学習から、定規の中にかくれた角？　算数教室（No.5）

今日、三角定規をつかって　角が　何こ　あるか　というのを　やりました。角度には、いっぱい　あります。1度〜360度です。分度器には　180度以上　ありません。でも、ここの　かくの時、 の角が　わかっていれば　全体の角は　わかります。じゅくで　やりましたが　わすれてしまいました。算数の時間には　ぜったい、一個　ぎもんが　あるので　おもしろいです。//////////

　授業では、いつも　疑問が　残るようにして、終わるよう、心がけてます。学習の課題意識を　継続させる　ためです。この日は「三角定規には　いくつ角が　かくれているか」でした。辺を　延長すると、実に　いろいろ　見えてきます。そして、おもしろい　きまりも　かくれてます。その授業の感想を　//////// くんが　書いてくれました。紹介します。

　今日、ぼくたちは　算数の時間に　三角定規の角は　いくつあってどのくらいの大きさか、をやりました。角が　30°、60°、90°にわかれている方の　角の数が　12こで、30°ずつ　大きさが、360°になるまで　ふえてました。そして　角が　45°、45°、90°に

わかれている方の 三角形の角の数は たぶん 8こだと
思います。
そして これは 45°ずつ 360°まで ふえていました。
ぼくは 前から 角は おもしろいと思っていました。でも
もっと 角が おもしろいことが わかりました。/////////////

清里合宿 近づく…。

清里での グループづくりをしました。希望をとって いろいろ 調整して
みましたが 全員の希望を かなえるということは とても むつかしい
ことでした。そこで 子供達に 再度 編成させてみました。
条件は「男子4人、女子4人 の 8人グループに なること」と
「さびしい 思いを する人を つくらないこと」の 2点でした。
何とか グループを 作り終えて。(多少 不満を感じる子も いる
ようですが…)。現在 キャンプファイアー の スタンツの 練習
に はいっています。
　スタンツの 条件も一つ。
　　「全員を 一度は 笑わせることが できるように！」

ところで 各グループの 旗を つくらせたい と思います。お手数
ですが 各グループで一枚 下図のような 白い布を 用意させて下
さい。(子供達が うちあわせて 帰ると思いますので。)
50cm 幅
35〜40cm
　この白い布に 各グループで 思い思いの絵を
かかせ グループの 象徴としたいと思います。
どうぞ ご協力、お願い いたします。
さて どんな旗が できるかな。
←棒に結ぶためのひも

飛行船.

平成 3年 5月9日 (木)
2-4 学級通信.
NO. 11

クラス日記 スタート！

➡ P.46

5月9日から. クラス日記を スタートしました。子供達同士の文に よる交流の 場です。 20日間に 1回. まわってきます. ノートは. 2冊あります. 1冊目は 男子の1番から まわって. 女子へ ひきつづきま す. 2冊目は 女子の1番から まわして. 男子へ。 つまり. クラス全員の 日記を 読むことが できるというわけ。 子供達の感想は…

> みんなの日記が 読める！
>
> 今日. わたしたちの 学級で 日記を みんなで 順番に かくこと にしました。女子の1番、男子の1番からなので くるのが ずごい 楽しみです。
> 何を書こうか まよっちゃうなあ。でも みんなの日記が 読める から うれしいなぁ て思いました。 //////////

係活動 順調！（生活係 & 文化係 の 2刀流！）

(文化係) ともかく 学級を 楽しくする ための 係です。全ての 人間が. 希望 した 係に 入ることが できます。自由に 企画 をうちだして みんなで 楽しむのです。今のところ. 新聞社が 5つ. レクレーション担当が 2つ. パズル係が1つ できています。 子供達の 企画しだいで 新しい係が 増えていくことも 可能です。中には つぶれてしまうものも でてくるかも…。

（生活係）学校で 生活する中で 必要なものです。だれかが やらない
と困るといった仕事が 学級にも あります。それを 一人一役で 分担し
ます。例えば、かばん や くつ。かさ立てを 整理させる係 や、黒板を
きれいにしたり… といったように。

きょうは 新聞を 書いた。
学校の ニュースが やっと 1コ かけたので とても うれしかった。
妹が 遠足へ 行ったことだ。妹が すぐ インタビューに 答えてくれ
るので ものごとは 調子よく どんどん はこぶ。
私は これが 大好きだ。
でも記事を 集めるのは 大変だ。なかなか 校内では ニュース
がないからだ。でも やっぱり 新聞係に なったのだから、さいご
まで やりとおさなければ ならないから、がんばろうと 思う。
//////////

自然を見つめる すばらしい 目！

五時間目。ふと外を見ると 風が いっしょうけんめい つぶやいて
いました。
「ビュー ビュー」
「？」
何を言ってるのだろう？ 電車に乗っている時も 考えていました。
近くの 駅についた時に やっと 気がつきました。
雨です。風は ぼくに「もう少し したら 雨がふるよ」と教
えてくれたのです。じっと 見ていると、いろいろな 物が 話し
ています。これからも さがしてみよう。 //////////

こういう見方、大人には できませんね。/////// くんの 感性に 脱帽！

飛行船

社会見学 追想記　　バスの中は ♪♪ カラオケ ハウス！

7時30分。全員そろう。一路 中央防波提へと むかう。今回のバスガイド
さんは高校を 卒業したばかりで、 慣れていない とか。う〜む、困った。
しかたなく 私が バスガイドになる。「右手をご覧くださ〜い…」と
調子にのって やってると 子供達から「気もちわる〜い」の声。そのうち////
////くんが『スイカの名産地』を おどり出す。バスの中は そのころから、カラオケ
ハウスへと 変身。 といっても、カラオケには 古い歌しか なかったので
手拍子で 歌う。特にバスの後部は うるさい ぐらい 歌いつづけてる。
まるで 宴会である。 これで いいのだろうか… と思いながらも、
のん気な 私は 放っておいた。おかげで バスに酔う子は 一人もい
なかった。見学先では しきりに メモを とる 子供達の 姿に感心した。
騒ぐ時は 思いっきり騒ぐ、学ぶ時は 貪欲に 学ぶ！ ➡P.46
この精神は、とてもよい。(一部、きりかえのきかぬ子も いるけれど…)
〔それにしても、この調子で 清里までのバスの中を すごすのだとすると
交通整理を する係が 必要になりそうです。ただちに、学級にもどって、
各グループから レク係(つまり みんなが平等に 楽しめるようにする係)を だす
ことに いたしました。〕
　おっと、くだらぬことを 書いていたら、肝心の見学地のことが、
書けなくなってしまった。見学の中身に ついては、子供達に 聞いてみて
ください。 ある子が『日本中 ゴミで うまってしまう日も 近いかも
ね』と 不安気に いっておりましたが、まさしく その通りです。
　リサイクル運動に 我々も 協力 したいものです。

母の日、いかがでしたか ？

　今日は母の日です。私は、りぼんという
まん画のふろくのお手伝い券をプレゼントしました。そしたら
さっそくお母さんが「一日なんでもおてつだいします券」を
出して
「さっそくこれおねがいね」
と使ってくれました。私はキッチンのゆかふきと「金
魚の水そう洗い」と「おにぎり作り」をしました。
きょうのおにぎりは三角のがとってもじょう
ずにできたのでほめてもらえました。

　この他にも、母の日に、いろいろな事をしたという報告
をききました。男子の日記にも　アイロンを　かけた　とか、洗
たくを手伝ったとか　ほほえましいものが　多かったので、うれしく
思いました。やさしい子供達に乾杯！
　さて、さて、華々しい「母の日」の影で　ひっそりと咲く「父の日」
が　もうすぐです。
　子供達の奮戦記を楽しみにしています。

今週も忙しい…。

あわただしい日が続いてます。今
週も　ご覧の通りです。

明日 5/14 (火)　健康診断 (4校時)　担任授業日
　　　　　　　(歯科・眼科・内科)

　　　5/15 (水)　写生会　(隅田川桜橋)

　　　5/18 (土)　通学分団・避難訓練

　　　5/19 (日)　保護者会 (保護者の方同士の懇親はすんでいるよう
　　　　　　　　　　　　　　　ですが、私はまだ顔と名前が一致いたしません。
　　　　　　参観授業「算数」　一人ずつ自己紹介を…と考えております。よろしく
　　　　　　　　　　　　　　　お願いします。)

飛行船

ひさしぶりです！

算数教室 (No.6) 切り取りもよう！を考える

参観日での 授業から…

➡P.47

おもむろに 正方形の 紙を とりだし 下のように 折る。

 この形を 左の 図のように 切って ひろげると どんな形に なるだろうか。

と問う。 ノートに 考えを 書きなさいと 指示をつけ加える

 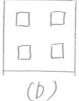

(A) (B) (C) (D)

4通りがでる。「だめだ」と 思うものを 選ばせる。

〔Aに 対して〕

・ の 図には 直角の ところが ある。これを ひろげた形にも 直角の ところが あるはずだ。

・ の図を 1回 ひろげると 図の穴が あるはずだ。

〔Cに 対して〕

・ ここで 一つ できるから 穴は 全部で 4つ あるはずだ。

というような 意見がでて (D)が 認められる。ところで、この部分
は、実は 予定外であった。私は、ここは みんな すぐに(D)を 作ると思って
いた。でも//////さんの 発想も ユニークだ。自分の意見を 臆さずに
述べることが できる点、すばらしい。//////さんの 図を見て 私もなるほ
ど、そう考えることも 自然かな と思った。
(A)(B)

さて、つづいて、次の問いを出す。

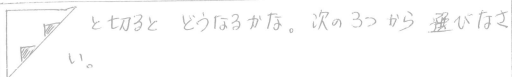
と切ると どうなるかな。次の 3つ から 選びなさ
い。

最初の問いが スンナリと いかなかった 場合は 3つの 選択肢を 与
えることを 考えていた。思考を 焦点化する ためである、が…

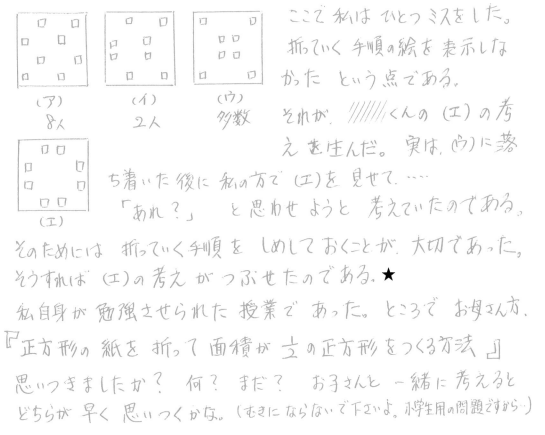

ここで 私は ひとつミスをした。
折ていく 手順の絵を 表示しな
かった という点である。

（ア）
8人
（イ）
2人
（ウ）
多数

（エ）

それが、//////くんの（エ）の考
えを生んだ。実は、（ウ）に落
ち着いた後に 私の方で（エ）を 見せて、……
「あれ？」　と思わせようと 考えていたのである。
そのためには 折ていく手順を しめしておくことが 大切であった。
そうすれば（エ）の考え がつぶせたのである。★

私自身が 勉強させられた 授業で あった。ところで お母さん方、
『正方形の 紙を 折って 面積が $\frac{1}{2}$ の正方形をつくる方法 』
思いつきましたか？ 何？ まだ？ お子さんと 一緒に考えると
どちらが 早く 思いつくかな。（むきに ならないで下さいよ。小学生用の問題ですから）

★当時は、通信を実践レポートと兼ねて書いていたため、こうした表現を無神経に使っていました（反省）。
「つぶせた」とは、「先に出ないようにできた」という意味です。

飛行船

平成3年5月22日

NO.14

4年生になってからの一ヶ月！　作文にしました！➡P.47

4年生になってから 毎日が いそがしくて 大変です。どうして、こう いそがしいのかと 考えてみたら

1. 毎日、日記を 書く。(3年生までは『見る見るノート』という物を 書いていたけれど 時々、自分の書きたい時、書けば よかったから)

2. 校外学習が 多かった。(遠足、船の科学館見学、ゴミ処理しせっ見学、写生会など)

3. 学級新聞を 作る。(さいしょは、記事の書き方が、わからなくて、何回も 作りなおして 大変でした。でも 4号まで 発行して だいたい どんな ふうに書けば いいのか、わかってきました。今は次に のせる記事を 考えるのが 楽しみです。)

　4年生になって 新しい友だちが できるかなぁとちょびり心配でした。でも たくさん 友だちが できて、毎日、学校へ 行くのが 楽しいです。

　授業の中で 算数が 一番好きです。

　なぜかと いうと 数字を 使って ゲームかんかくで 教えてくれるからです。

　これからも どんな算数を 教えてくれるのか 楽しみです。

//////////////////

4年生になってから、手を 上げられるように なりました。3年生の
時までは、ぜんぜん手を あげられなかったのに 上げられるように な
りました。それは、田中先生だと なぜか 上げたくなるような 気
もちがして、手を上げ、言い終わると とても うきうきしたような
気もちに なれるからです。

うきうきした 気もちに なると ますます 手を上げたくなるので
す。はずかしいと思った事が、やってみると うきうきした 気もちに
なるなんて 知らなかったな。

そのほかに、たったの1ヵ月で たくさんの お友だちと なかよ
くなれました。先生とも なかよく なれました。

こまってる事が あったら 助けてくれたり 親切です。

前の お友だちよりも 仲よくなれそうです。

私よりも 小さい 低学年が 増えて もう 上級生な のかと
思います。

しっかり しなきゃ！

この //////// さんの 「うきうきした 気持ち」。みんなにも 味わってもらいたいなあ
と思います。「発表する」って とても 勇気が いるんですね。最近、思いきって発
表してる人が もう一人、//////// さんです。がんばってます。

発表が 得意な人も 苦手な人も 自分の考えを どんどん 出してみる
といいですね。

「教室は まちがえる所だ！」の精神で！

現在までに 男子10名、女子8名の文を のせました。(アクロスティックは含まない。)
お宅のお子さんも もうすぐ 登場します、お楽しみに！

初代のクラスのときは国語も私が教えてました

　最初は、自分のクラスを他の方に任せるという専科制に戸惑いがありました。小学校の担任とは、やはり自分のクラスは自分で全部面倒をみるものだという固定観念からだったと思います。

　それと、なんとなく子どもたちを他の先生に奪われてしまうのではないかという不安と嫉妬もあったのかもしれません。

　専科制については、この当時衝撃を受けたエピソードが二つあります。

　その1　昼休みに、ある先生と自分が専科で持っているクラスのことを何気なく口にしたときのことです。私が「〇部〇年の子どもたちって、あまり活気がないですね」とつぶやくと、その先生は静かに私の目を見て、「あー、まあ君の時間はそうだろうね」と返されたのです。その瞬間、「え？ 私の時間？」。この言葉がしばらく耳から離れなかったので、あるときそっとそのクラスの社会科の授業を廊下からのぞいてみました。驚きました。子どもたちが資料を片手に黒板の前で堂々と話してるのです。いろいろなことを指摘し合ってとてもにぎやかなのです。え、これが同じ子ども？　活気がないなんてとんでもない。

　公立学校時代、他の先生が不在のときにそのクラスに入って代理で授業をしたときにも、私はいつも子どものせいや、そのクラスの担任の影響だと決めつけていました。でも、このとき、はっきりとそれは違うのだということを思い知らされました。

　その翌年、この意識を持って後輩の話を聞いていると、みんな一度は私と同じようなことを言う傾向がありました。そんなときは、私も先輩の真似をして後輩にこう言います。「あー、君の授業のときはね」と（笑）

　目の前の子どもの姿をつくっているのは、今子どもたちの前に立っている自分のせいであるという意識は教師が変わるための大切な視点の一つです。

　その2　それをきっかけに、私はそのクラスの社会科の授業を時々のぞきに行くようにしていました。ある日のこと。子どもたち全員が投網の中に入れられて授業を受けてました。面白い光景だなあと思いました。こんなに大掛かりに準備してやっているということは、誰か参観者でもあるのかなと思っていましたが、参観者など誰もいませんでした。つまり、彼らにとってはこれが日常の授業だということだったのです。こんな授業をいつも受けていたら、そりゃ私の算数なんてたいしたことないよなあ、とつくづく思い知らされた瞬間でした。

　やはり専門家に学ぶという体制は、教師の準備という面でも、そしてもちろん子どもの立場になった視点においてもよいことがたくさんあるんだなあと思ったのでした。日本の初等教育も少しずつ専科制を取り入れているところが

ありますが、本当のよさは子どもたちが目前の大人が変わると変化することを知ることによって、子どものせいにしている大人が減ることかなと今は思っています。

子どもの字で日記を載せるときと、教師が書き直すとき

この時代の通信では、子どもの日記の実物を縮小コピーして掲載するときと、私が書き直すことを使い分けていました。実物を掲載するよさは、すごい記録を書いている友達が実在すること、子どもが苦労した足跡や図などの工夫を直接見せることができることにあります。まあ、何より忙しいときに教師の労力の削減になる……。本音を言うとそんなこともありました。

一方、私が書き直すのは、このまま掲載したのだと字が乱雑な子どもが恥をかくのではないかというような配慮がありました。

すると、あるとき、コピーを貼って掲載した日記の子どもからこんなことを言われました。「いいなあ、○○くんは。ちゃんと読んでもらえてて」と。どういう意味なんだろうと思って尋ねたら、コピーをして貼られたときは、本当に先生はしっかりとすみからすみまで読んでくれたのかなあと心配になるのだそうです。私が書き直した場合には、本当にしっかりと中身を読んでいるという証しなのだと。なるほど、そういうことも感じるんだなあと子どもたちの感想を聞いて後から反省したことがあります。

こうした経緯もあって、私はこの4年生の通信を最後に手書きや実物の日記の掲載にこだわるのをやめたのを覚えています。

4年生の係活動

これは他の本でも書きましたが、私は係活動はいつも二つの種類を意識していました。いろいろなクラスを引き継ぐと係の作り方は先生方それぞれの価値観があって、それぞれによさも感じましたが、不公平かなと感じた面もありました。それが、子どもたちにとって当番のように「やらされている感」が強い係と、「取り組んでみて楽しさを味わえる」係が交ざっていたことです。当然、子どもたちはじゃんけんをして、人気の高い楽しさのある係を選びますから、これはよくないなと思ったのです。

そこで一人が二つの種類をやるというようにしました。一つ目はクラスのために当番にしてでも必要だと思う係、もう一つはクラスを楽しくするためにやってみたいと思える係です。もちろん、その内訳も子どもたちに決めさせました。二つ目の楽しくするための係は割り当てにはしないで、やりたい子どもがやりたいと思う仲間を集めて会社方式で行うという方法です。このクラスの

ときはやたら新聞を発行したがる子どもが多く、私のクラスは新聞社だらけだったのを覚えています。

クラス日記スタート

この時代には、個人の日記とは別にクラス日記というのも行っていました。

きっかけは「先生は、いいな。みんなの日記が読めて……」という子どもの言葉。この取り組みをきっかけに様々な子ども同士の交流方法も生み出されていました。

バス内紅白歌合戦の誕生

私が赴任した当時の筑波大学附属小学校には、その伝統からいろいろな暗黙のルールがありました。例えば、劇の出し物の題材は文化的なものにすること、学習発表となっているのだから、日々の学習が見えること……。

遠足のバスの中も、子どもたちが司会をしてクイズを出したりレクレーションをしたりして楽しく過ごすこと。いずれも、納得できるし、よさそうな活動だと思います。でも、私は社会見学や遠足の引率をしていて、バス酔いの子どもを何人か見てきて、このバスの中でしおりを見たりクイズを考えたりするというのは積極的に参加している子はいいけれど、聞いているだけの子どもにはこの長い時間はつらいだろうなと思ったのです。そして案の定途中の休憩でバス酔いの子どもの世話をすることに……。

さて、このあとバスの中でどのようにして過ごそうかと迷っていたら、通信にあるように一人のひょうきんな男の子が突然、司会のマイクを奪って歌い出しました。それにつられて他の子どもも参加していつの間にか大合唱。先ほどまで具合が悪そうだった子も一緒になって体を動かしてました。その日のバスの中は、そこから自由にバスのカラオケを使って歌合戦をしていいという雰囲気に。

にぎやかすぎるバスの中で運転手さんはしかめっ面でしたが、おかげでその後は誰もバスに酔わなくてすみました。流れている音楽を聴いているだけでもいい効果があるようです。

私は、これを見ていて、遠足や合宿に行くバスの中で、次からは紅白歌合戦のようなものをやるのもいいねと子どもたちに提案してみました。元気のいい子たちは大乗り気でした。でも、不安げな顔もありました。一人で歌うのは恥ずかしいという子たちです。私は、紅白歌合戦だってグループでの出場はありますから、友達と一緒でもいいんだよと言うとにっこり。

こうして掟破りのバス内紅白歌合戦でいろいろな行事の行き帰りは盛り上がりました。それまでこうした過ごし方はタブー視されていたのに、なんとその後本校にはこれが静かに静かに浸透していきました（笑）

実は、この時代、私は劇づくりも掟を破っていて、筑波初のダンスを用いた

創作劇に取り組んでみました。しかも曲はマイケル・ジャクソン、シナリオは私の自作のミステリーものです。このときも古株の筑波の先生たちが顔をしかめて見てました。真っ赤な顔をして怒ったのはもっとも身近な算数科の先輩でした（笑）。こんなのは学習発表じゃないと……。でも、社会科の有田先生がすぐに、「いや、私はこれもいいと思う。何より子どもたちが活き活きとしてたじゃないか。こんなのは今までにない。逆にこれを来年の全国公開の研究会の児童発表にしてほしいぐらい」とまで言ってくださったのです。

その後、職員会議で伝統派との議論は続いてましたけど……。

折り紙の実践のスタート

ここに掲載された折り紙の実践は当時、私が好んでやっていたものです。

この実践の発展が、後に私がNHKの番組などで披露した実践へと変化していきました。もともとは図形パズルの本に掲載されていたものがきっかけでしたが、ある子どもが折り方を間違えたことから逆に面白いきまりが見えてきたのです。パズルの本で示された折り方を二度繰り返した子がいたからです。開いたときの形が一人だけまったく違ったのです。子どもたちが「へー、同じような折り方なのにこんなにも違うんだね。じゃあ、もう一回折ったら……」。こうして一人の子どもの間違いをきっかけに、同じパターンの折り方で複数回繰り返すとどうなるかが課題になったわけです。子どもたちが調べてみると奇数回折りと偶数回折りで異なるきまりがあることを見つけ大喜びでした。

この実践は、当時東洋館出版社の本でも紹介されましたし、私は自分が著者をしていた教科書にも掲載してみました。

このクラスになってからの
一ヶ月を振り返って作文

新しいクラスを持って一ヶ月がたったとき、よくしていたのが「クラス替えしてからの一か月間の自分の変容を見つめ直す」という日記を課すことでした。

でも、これももともとは一人の子どもがゴールデンウィーク明けに「新しいクラスの友達に早く会いたくて休みが終わるのが待ち遠しかった」という文を書いていたことがきっかけです。保護者の方からも連絡帳で、「うちの子が休み明けを楽しみにするなんて、本当に新しい友達に感謝しかありません」というメッセージをもらったのです。

こういう気持ちをみんなが共有すれば、クラスの雰囲気も良くなるに違いないと思って、他の子どもたちにも書いてみてもらったのです。もちろん、変化を感じていない子もいますが、新しいクラスにこんなにも感謝してくれている友達がいるということは、他の子どもたちも読んでいて悪い気はしないはずですから。

飛行船

平成3年 5月24日

NO. 15

算数教室 (NO.7) これも 四角形 ？

算数の じゅぎょうで 図1のようなものも 四角形と いえる

か？という 問題が でました。

その ときは. 気づかなかった けど. 四角

形の 内角の 和は たしか 360°だった

のです。もし. それを 分どきで はかって みるとしたら…。

まず. 2本の せんの とは. みんな. なっとく しました。

ここは. どちらを はかるのか. み～んな. ちんぷんかんぷんで

した. 今度の じゅぎょうが 本当に 楽しみで しかた ありません。

はやく 24日に ならないかなあ～。 もー‼ いらついてます。

はやく やらないと ひっさつ キック やるぞ ー！

////////////////

いいなぁ. こうして 算数を 楽しんで くれる ように なると もう.

大丈夫！ みんなの 知的好奇心が どんどん 向上 してくれること

願っています。

新企画 準備中！ 百人一首 リーグ 戦！

百人一首を 5セット そろえよう と 思います. 1度に 20枚程度ずつの

試合を します. 4人 1チーム に なり 1番とった 枚数が 多い人が 1つ上

のリーグへ 一番 負けた人が 1つ下の リーグへと うつります. 遊んでいるうち

に 知らず. 知らずのうち 百首 覚えられる と 思います.

教室は まちがえるところだ！

➡ P.56

今日、先生に くばられた 詩を よんで（題は「教室はまちがえる所だ」）、私は 思いました。「私は どの時間も、あまり 手を あげなかった。自分で いけんが いいたいのに、うまく せつめいできないと 思って 自信が なくなるからだ。これからは、できるだけ わかるものには、手を あげよう。たとえ、まちがえても、みんなに おしえてもらえば いいと。//////////////

あの詩のプリントを 読んで いろいろな 感想が ありました。

・勇気が でた。（男子）
・自分と 同じ人が いるんだなあ と 安心した。これからは、思いきって 手を あげられる。（女子）
・あの詩と 先生の話を きいて がんばろう と 思った。（男子）
・先生の 話を 「階だん式」と 名づけました。（女）etc

マラソン 100周 達成者！ 続々！

子供達の パワーには 驚いてます。すでに 100周達成した人が どんどん でてきました。現在まで 10人。記念写真は まだ、とっていませんが 子供達の 希望の場所で、好きなポーズで とりたいと 思ってます。リクエストが あれば 肩車、おんぶ、////////// 何でも ありです。ただ 今、マラソンカード パート2を 作成中！ 運動会に そなえて 体力 増強！！

飛行船

➡P.58

明日から 清里！ いってきま〜す！

子供達が 楽しみに している 清里合宿。いよいよ、明日から 出発です。子供達の 体調は いかがでしょうか？

これからの 3泊4日を 楽しく すごせるように するためにも、今日は 早く 眠りにつくように しましょう。初日に バスの中で 気分が 悪くなってしまうと、楽しさも 半減して しまいますからね。

さて、今、一度、明日の 集合について 確認いたします。

集合時刻	6時50分
集合場所	第2体育室前
出発	7時 00分

くれぐれも 遅れないように 気をつけてください。

6月1日の 帰りは、清里出発時 もしくは、途中 サービスエリアでの 休けいの時に 実行委員さんの 方へ 電話連絡を いたします。お迎え等の 時間は、それにより 判断されると 良いと思います。

子どもウォッチング

最近は 以前にも 増して、授業中に 発表する人数が ぐ〜んと 増加しました。

ある女の子の 日記に 「発表しようと 思うけれど なかなか 勇気がでない。手が 上がらない。この手が、この手が…。うえ〜ん なさけない」

6月3日　保谷農園へ　まいります。

　清里から、帰ってきて　一日　おいて、6月3日　月曜日に　保谷の
さつまいもの　苗さし、に　行って　きたいと　思います。

　日程は。

　　1．2校時　　授業（平常通り）

　10時30分　学校出発。→　保谷へ。

　14時30分　池袋　着。解散

　持っていくもの。

　　弁当、水とう。遊び道具（ボール、その他）。

　　往復の　電車賃。

　清里の気分で　月曜日は、まだ　勉強に　ならない（?）と思って、
保谷行きを　上記の　日と　いたしました。月曜日だと　専科の先生
にも　あまり　迷惑を　かけずに　すみますので…。

　直接、保谷に　集まっては　どうか　という　声も　子供達から　きかれま
したが。ともかく　行事の　多い　時ですので　1時間でも　2時間で
も授業を　進めて　おきたいと　思うのです。

　なかなか、切実な　日記だと　思いました。でも、こういう　心の中の戦い
が　あるということ　が　すばらしいと　思います。ここを　のりきると　どんどん
発表するように　なります。最近は　授業を　もりあげてくれる「こだわり派」
の面々が　少し　変わってきました。知識として　いろいろ　貯えている子
と　自分の個性的な　発想で　きりひらいていく子　とでは、後者の方が　将
来は伸びると　いいます。小手先の技能　より、卓越した　発想力を今は培いたい

飛行船

平成3年 6月6日
NO. 17

清里合宿 無事終了！ さあ 勉強。

　3泊4日の 清里合宿で 2部4年の 子供達の 本性を 見た思い…。私は 連日. 早朝より たたき 起こされ. 睡眠不足の 毎日でした。でも 本当に 元気な 子供達です. 飯盛山では みんな. すっかり グロッキー だったくせに. 頂上に ついて. 「ヤッホー」と 山びこを. きこうという 時になると. なぜか. 打ち合わせも ないのに. 全員が 声をそろえて

　　「先生の バカヤロー！」　……

まったく. 何という 連中だ と 憤慨していると. そばに いた コーチ が一言。「まったく チームワークの いい クラスですねー. 感心しましたよ」

　変なところで 息が あうのだから こまったものだ と 思いつつ. 飯盛山 を 後にする。

　キャンプファイヤーを 今回 初日に やったのだけれど これは 大変. 好評。なぜならば. ファイヤーでの コーチの 出し物を みんな. すっかり 気に入ってしまい. 和田コーチ は "ボブ" なんて 愛称が ついた程。

　あい言葉は 「わったぁ〜めは いかがですかぁ〜！」　？？

　何は ともあれ. 清里も 保谷行きも 終えて. そろそろ 学習の方に 腰をすえて とり組みたいところ。

　心を 入れかえて. 再出発 したいと 思います。

➡P.59

百人一首 リーグ戦！　　第1回は 6部リーグで。

ジャンケンで 6つの リーグに 分かれます。ですから、まったくの運です。試合をして 取り札の 多い人 2人 が 上の リーグへ。少ない人 2人が 下のリーグへ 移動して 試合を つづけます。

今は、1首～ 25首 の 25枚の カード で やってます。当分は、この25枚で 十分 だと 考えます。「上の句、下の句 って なあに？」という 子供達も たくさん いるのですから、のんびり やっていこうと 思ってます。

目的は、{ 文語体の 表現に 慣れ 親しむこと。
記憶力の 強化（しかし、自然に 覚える ものです。）
古典への 興味づけ … です。

（ちなみに 昨年 私が もっていた 5年生 40名は 全員が 百首を、作者名を いっただけで サッと とってしまう程に まで なりました。子供の 記憶力って 本当に すごいものです。）

今回、最後まで 1部リーグに のこった のは、

////// さん。 ////// くん ////// くん ////// くん ////// くん
////// くん

の 6人 でした。　　パチパチ。　　次回は だれが 1部に のこる 訳

△パズル のコーナー　頭の体操 だよ～ん！
A、B、C の 3人の 会話から ウソつき 2人を さがせ。（正直者は 1人とする）
A.「私は 正直者です。」
B.「A は ウソつきです。私こそ 正直者です。」
C.「B こそ ウソつきです。本当は 私が 正直者 です。」

飛行船

うそつきを さがせ！（パズルコーナーの解答）

//////くんのノートより

　飛行船の問題の答えは Bです。なぜかというと もし かりに Aが正直だったとすると Aのことを うそつきと いっているBは うそつきです。でも そうすると Bのことを うそつきだ といっているCも 正直です。だから Aは だめです。

　また、もし かりに Cが 正直者 だったとします。すると Bは うそつきということに なります。けれども BがAを うそつきだ といっていることが うそに なります。

　すると Aも 正直になって しまうので これも だめです。

　ところが Bが 正直だとすると Aは ウソつきで Bのこと を うそつきだと いっているCも うそつきです。

　こうして やっと つじつまが あうのです。先生、これからも おもしろい 問題を だして ください。

　このように「もし〜」と 仮定するという 論法は 数学では、とても 大切なのです。ほとんどの 証明は この論法をもとに して、進められている のですから。小学生の 時から、こうした 論法 で矛盾を さがしていくという 考え方を しっかり させたいと 思います。//////さんや//////くんは、表を つくって 考えて いました。これだ と視覚的にも はっきり わかって なかなか よいと 思いました。

こんな 珍解答も 見られました。

「C が 正直者だ。 C だから しょうじき者」 ？？

「A が 正直者だ。 A だけ 人のことを 悪くいってない。正直者は
人を 傷つけたり しないからだ。」

↳ これは 道徳的に 考えた わけですね。 おもしろい！

「C が 正直者だ。 C だけ、 だれも うそつきだと 言ってないから…」

以上、 本日 提出者分から 報告 いたしました。
ちなみに 連日の 日記提出率は 60%。 今日は 23冊。（私は
毎日、記録してます。）そのうち、パズルに 挑戦した のは、（挑戦する人は、
今日の日記に かくことに なっていた。）15名。 正解者は 3名。

百人一首リーグ戦（6部リーグ制 から 8部リーグ制へ）

　少しずつ リーグを 増やしてます。10部 までに すると 4人ずつ で
試合が できます。すると 一人あたりの とれる枚数も 増えると 思いま
す。

　最近では 階段を 歩いている 時も 「秋の田の〜」 とつぶやいて
いる子が いる程…。 先生、次は いつ やるの？ と せがむ子。

「なかなか 覚えられないよ〜」 という声。「も ぜ〜んぶ 覚えちゃった」
という声。様々です。ちなみに 私は、覚えろ！ なんて 一言も、
言ってません。そのうち 自然に… と 思ってます。でも リーグを 1つで
も 上がって いきたい子は 必死です。

（慣れたら、作者名を いれて、読んでみると、いつのまにか、作者名
まで 覚えて しまうかも… と、考えてます。）

6/6 現在。　1部リーグ　//////さん　//////さん　//////くん　//////くん
　　　　　　　2部リーグ　//////くん　//////くん　//////さん　//////さん

『教室はまちがうところだ』の詩が
流行っていたころ

　今の若い先生には、あまり知られていないかもしれませんが、蒔田晋治さんの有名な詩で、かつての教室ではよく掲示されていて、クラスの子どもたちと大きな声で読んでいる先生がたくさんいました。

　でもいつの間にかあまり話題にならなくなりました。私はこの詩の本当に大切な部分は後半にあると思うのです。当時教室で掲示されているのは詩が長いこともあり、前半の間違いを怖がらずにどんどん意見を言おうというところだけがクローズアップされていたように思います。でも、子どもの立場で考えてみると、せっかく勇気をもって間違えてもいいやと思って意見を言ったのに、結局友達から否定されて終わっただけになっていたとしたら、勇気をもって発言したその子にとっての成就感はありません。

　この詩の後半部分をもっとよく読んで、この後半の大切な瞬間を子どもたちに味わわせてあげられたのかどうか。それを私たち大人がちゃんと自分の授業を見つめ直して考え直すことが必要だったのではないかと思うのです。

　私は、目に見える学力だけではなく、子どもたちの表現したいという気持ち一つを育てるという視点においても、一人ひとりの子どもの状況に合わせて手立てを使い分けるという本当の意味での個別最適化の発想が必要だと考えます。次（NO.16）で紹介した日記の子どもは、最初、人前で話すことをとても怖がっている子でした。こんな子どもに間違えてもいいんだよといくら大人が理想を唱えても、その子にとっての問題が解決されない限り前進するエネルギーにはつながらないと思うのです。

教室はまちがうところだ

蒔田晋治

教室はまちがうところだ
みんなどしどし手をあげて
まちがった意見を　言おうじゃないか
まちがった答えを　言おうじゃないか

まちがうことをおそれちゃいけない
まちがったものをわらっちゃいけない
まちがった意見を　まちがった答えを
ああじゃないか　こうじゃないかと
みんなで出しあい　言いあうなかでだ
ほんとのものを見つけていくのだ
そうしてみんなで伸びていくのだ

いつも正しくまちがいのない
答えをしなくちゃならんと思って
そういうとこだと思っているから
まちがうことがこわくてこわくて
手もあげないで小さくなって
だまりこくって時間がすぎる

しかたがないから先生だけが
勝手にしゃべって生徒はうわのそら
それじゃあちっとも伸びてはいけない

神様でさえまちがう世の中
ましてこれから人間になろうと
しているぼくらがまちがったって
なにがおかしい
あたりまえじゃないか

うつむきうつむき
そうっとあげた手　はじめてあげた手
先生がさした
どきりと胸が大きく鳴って
どっきどっきと体が燃えて
立ったとたんに忘れてしまった
なんだかぼそぼそしゃべったけれども
なにを言ったかちんぷんかんぷん
私はことりとすわってしまった

体がすうっとすずしくなって
ああ言やあよかった
こう言やあよかった
あとでいいこと浮かんでくるのに

それでいいのだ　いくどもいくども
おんなじことをくりかえすうちに
それからだんだんどきりがやんで
言いたいことが言えてくるのだ

はじめからうまいこと言えるはずない
んだ
はじめから答えがあたるはずないんだ

なんどもなんども言ってるうちに
まちがううちに
言いたいことの半分くらいは
どうやらこうやら言えてくるのだ
そうしてたまには答えもあたる

まちがいだらけのぼくらの教室
おそれちゃいけない
わらっちゃいけない
安心して手をあげろ
安心してまちがえや

まちがったってわらったり
ばかにしたりおこったり
そんなものはおりゃあせん

まちがったってだれかがよ
なおしてくれるし教えてくれる
困ったときには先生が
ない知恵しぼって教えるで
そんな教室作ろうやあ

おまえへんだと言われたって
あんたちがうと言われたって
そう思うだからしょうがない
だれかがかりにもわらったら
まちがうことがなぜわるい
まちがってることわかればよ
人が言おうが言うまいが
おらあ自分であらためる
わからなけりゃあそのかわり
だれが言おうとこづこうと
おらあ根性まげねえだ

そんな教室作ろうやあ

【引用・参考文献】蒔田晋治（2004）『教室はまちがうところだ』、子どもの未来社.

子どもたちの小さな変容を見つけて
伝えることから

「発表しようと思うけれど、なかなか勇気がでない。手が上がらない。この手が、この手が……。うぇーん、なさけない」

この文章はその女の子の日記にあったものです。自分のことを情けないと言ってますけど、私はこれを読んで、この悩む姿がいいなあと思ったのです。自分の姿を見つめて、なりたい自分を模索し、それをこうして文章にして私に伝えてくるだけでも素晴らしい前進だと思いませんか。

こんな小さな前進にこそ価値があると、まず他の子どもにも知ってほしくて名前は出さないという約束で許可を取って掲載しました。

本人には「情けなくないよ。その手にエネルギーをどうしたらあげられるか一緒に考えようね」とコメントを返しました。

そして、授業中にグループなどで話し合っているときには、そっと彼女のそばに行き、内容を確かめて「それいいじゃない。いい考え方だよ」とまずは自信をつけさせてみました。そして教卓のところに戻って彼女と目を合わせます。本人が自分で手を挙げる瞬間がこの子にとっては、とても大切なのでそれを待ちました。でも、このときは手が挙がりませんでした。つまり間違いかどうかが気になっているのではないということです。そこで次に私はその勇気を与える役をグループの他の子どもに託しました。彼女のことをよく知っている仲の良い友達の一人が一役買ってくれることになりました。そしてグループでの話し合いのとき、「あ、それいいじゃん」とか「それ言ってみな。みんな驚くよ」など促す声掛けを試してもらいました。

すると、驚いたことにそのとき、すっと彼女の手が10cmだけ机から浮いたのです。この瞬間を私は見逃しませんでした。指名するとドキドキしているようだったので座ったまま話していいよと告げました。彼女は頑張って話しました。隣の席の友達からも拍手をもらってうれしそうでした。

この子が怖がっていたのは間違いかどうかではなく、友達から受け入れられるかどうかだったのだとこのとき、気が付きました。だから教師の私がいくら褒めてもだめだったのですね。子どもは子どもの中で生きていますから。そんな視点も大切にしていくことが必要です。

学校行事で子どもをまとめる

筑波大学附属小学校には山梨県清里に学校寮があります。3年生から毎年ここに出かけていって友達と過ごすのですが、4年生の合宿はどの学年よりも早い時期、6月にあります。これは合宿行事を通して、新しいクラスをつくるきっかけとしていくことを期待しての位置づけだと私は思っています。

新しい友達と出会ってからの二ヶ月を経て、この合宿に向かうので、とても大切な試金石のような時間にもなると思いました。だから合宿までに行う小さ

な活動でも必ず元のクラスの友達が1/3ずつ（筑波小は4クラスあります。三つのクラスの子どもが1/3ずつになって新しいクラスができます）になるようにグループを作ってみたり、時には自由に作らせてみたり……。

　小さな活動とは、単純に朝の活動でグループ鬼ごっこをするようなとき、また授業中のカードゲーム（私の開発した分数トランプのようなもの）をメンバーを変えながら行うようなときです。

　このような場面で、「今からゲームして遊ぶけど、グループは適当に自分たちで自由に作っていいよ」と持ちかけてみます。慣れていないと、これだけでもトラブルは起きますけどね（笑）

　このような場面で、まだ元のクラスで集まる傾向が強いのか、それとも新しい友達を作って動けるようになってきているのかを観察します。

　つまり「育てて小刻みに評価する」というこのセットの行為は学習でも、学級という集団づくりにおいても大切な意識だと思うのです。

　ちなみに、小刻みに行う方が、子どもたちが失敗してもすぐに修正のチャンスがありますから、いきなり大きな行事で行うよりもいいと思っています。

　それまでくじや先生が決めたグループづくりしか経験していない子どもたちにとっては、最初はアレルギーも大きいと思います。

　トラブルが嫌だからと、日常、くじなどで決めるグループづくりばかりしていると、教師が見ている前ではトラブルが起きなくてすみますが、実は休み時間や下校時の子どもの人間関係においてはくじがあるわけではないので、こちらではトラブルは起きてしまいます。彼らの人間関係力を観察するという意味でも教師の見ているところで失敗させることが大切なのだと私は考えています。

百人一首リーグ戦が流行ってました

　当時は、教育技術の法則化運動が若い先生たちを夢中にしていました。私もその一人でした。発足当時の「よいものはよい。主義、派閥は問わない」という理念は魅力的でした。当時の私は山口県の教員でしたが、法則化に限らず教育科学研究会や仮説実験授業の研究会、また小集団学習に特化した研究会、算数では水道方式の研究会とそれこそ主義、派閥を超えて面白そうだな、役立ちそうだなと思う会には積極的に参加していました。

　ここで話題にしている百人一首のリーグ戦は法則化運動が紹介して全国で大流行になっていた活動でした。100枚の札を五つに分けることで子どもたちの抵抗を少なくし、リーグ戦形式で遊ぶというものです。この後、中1で百人一首をすべて覚える学習があるというようなことを先輩の先生から聞いていたこともあり、遊びながら覚えるのは子どもたちにとっても役に立つからいいだろうと気軽に取り組んだのですが、子どもたちは思ったより燃えて取り組みたくさんの子どもがあっという間に覚えてしまいました。でも、こういうときにもやはり子どもの中には必ず差ができてしまいます。それをどのようにして補うかをいろいろ考えさせられました。

飛 行 船

平成 3年 6月10日.

NO. 19

係活動に 第2の 異変!

➡P.68

新聞社が 乱立する 2部4年に また 新しい 会社が OPEN
した。/////. /////. /////の3名が つくった「ベスト おやぶん」新聞
である。

そして、もう ひとつ 面白いことが…。

「先生、新聞が 多すぎて 保管しきれないよ。つまんないのは もういら
らないよ 」 の声も、そろそろ でてきたのだ。

私は 内心「しめた!」と 思った。

そろそろ 第2段階の 改革を しようと思う。

① 各新聞社は 毎月 読者数を 調査し、(〇〇社の 新聞、よんで
くれますか?)、その 枚数だけ 印刷する。

② 読者が 確保できぬ場合、壁新聞に 切りかえ、人気がでるよう
工夫する。

③ 新聞のCMのための 広告は 自由に だせる。(飛行船 そう
けつけます。)

学級の係も こうなると 切実だ。さて、各新聞社の 社長さん
がんばらねば、つぶれちゃうよ。そろそろ、量より質の時代かな。

クラス日記、2冊目に 突入!

なかなか 個性が よく でてる。各家庭に まわった時は ぜひ、
保護者の方も ご一読ください。おもしろいですよ。

算数教室　「もし〜と考えると……」　➡P.68

　この論法が大切であることは前号で述べた。考えてみると昔から伝わる つるカメ算、和差算などもこの論法で考えて解決しているのである。

　本日より小数の学習にはいった。今日は端数処理の時の新しい単位はなぜいつも10等分されたものになっているのかについて考えさせた。

　あたり前のこともこうして逆に問われると、ハタと答えに窮するのである。

　こんな時こそ、

「もし、10等分ではなかったら……」と考えていくとおもしろい。

百人一首のその後…

> 昼から、小倉百人一首をやった。最初はトップでいいペースだったが、中盤後半になると いっきに びりになってしまった。一度だけ、2位になったが、また びりにされてしまった。
> 早く「百人一首」をおぼえるぞー　（//////////　くん）

清里でお世話になった、コーチや看護婦さんにお便りを！

////////////（コーチ）
////////////

////////////（コーチ）
////////////

////////////（看護婦さん）
////////////

※研究発表会の前日準備に 2-4 が手伝いとして残ります。午前中ですむと思います。

飛行船

平成3年6月11日.
（2-4 通信）
NO. 20

百人一首 に 熱狂!

私は百人一首を 1つずつ おぼえています. 1番 さいしょに
おぼえたのは 小野小町、2番目は せみ丸. 両方思いだしている
と, ごちゃまぜになって けっきょく 新しい句が できあがってしまうの
で 本番の時. 下の句の時に 気がつきます.
　そうなると とれる確率が 少なくなってしまうので がんばります.
　　　　　　　　　　　　　　　　　　　　　（////////////）

今日 3時間目に百人一首をやった. 1, 2回目は あがれなかった
けど. と中で 人数あわせをやったので 8部リーグから 7部リーグ
まで あがった, さいごの チャンスタイムの時. 一位 だったので 5部リーグ
まで あがれました. 今度も 勝ちたいな. 　　（////////////）

　運が半分. 実力半分の リーグ戦. もう少し したら. リーグ 入れ替え
をします. え. その方法? もちろん. ジャンケン です. だから 言った
でしょう. 運が半分だって.

係活動 の 活性化!

今日は 6時間目の学級会の時間に 新聞の紹介ポスターを 作
りました. 私はパズル係 だったのだけれど. みんなが. どんどん
やめてしまったので さいごまで のこって がんばっていた /////さんと
いっしょに 新聞社を作りました. 「にゅー すぺいぱあ新聞と

いう名前です。「NEWSPAPER」は 英語で 新聞紙という
意味なので そのまま やくと「しんぶん しんぶん」という 変な
名前に なってしまいます。でも おぼえやすいし ハマッているので
私は 気に入っています。
いっしょう けんめい 工夫して 人気のある 楽しい 新聞にして
いきたいです。　　　　　　　　　　　（////////////）

今日 ぼくは レクレーション係 パート2をやめて 朝ねぎ
新聞から きた /////君と /////君と いっしょに「いろいろ
新聞」を 作る事にした。　早くも もう NO.1号の 新聞
が できた。
とってくれる人は 12人 ぐらいだ が 初めのうちは それ
くらいでも 十分だ。
そのうち もっと 多くの人が とってくれたら いいのに
なあ　　　　　　　　　　　　　　　（////////////）

でも こういう 係だと 本当に 子供達は 燃えてきます。
いいなあ と 思います。
でも くれぐれも 無理を しないようにね。

連絡 研究会前日準備は 午前中で 終わると 思うのですが 長
びいた 時を 考えて 弁当と 水とうを 持ってこさせたい
と 思います。（今回 2部4年は 私が 研究発表の 運営委員という
こともあって 5・6年と 共に お手伝いに まわります。）
特に 13日は 案内役としても 活躍してもらう予定です。
高学年らしい 応待を 期待してます。
6/13は そのため 8時までに 登校。14日は 9時登校と 相成ります。食のため…
　　　　　　　　　　　　よろしく お願いいたします。

飛行船

やさしい 子供達に 感謝！

　朝、子供達に 出会うと「先生、おめでとう！」
　日記にも たくさんの メッセージ。「先生、誕生日、おめでと
う！」。 そうです。今日は 私の バースディ でした。でも、子供達
が、しっかり 覚えてて くれたこと、話題にして くれたこと、とっても
うれしく思いました。　やさしい 子供達ばかり そろっていて、私は
幸せ（？）です。

日記のコーナー　本日の 日記提出者　38名

　今日、給食の時、いつも 放送が 流れます。それで、この前の
朝会の時 かみを わたすから、自分の 好きな曲を書いて わたして
ちゅうせんで その人の曲が あたると いうぐあいでした。私は、み
んなと 楽しく 給食を 食べていたら
「//////////さんが リクエストして くれた 曲です。」
と言って私が リクエストした 曲が ながれました。私は、そ
の時、しんじられないくらい びっくりしました。だって 大勢の
中から えらばれたんだもん。本当に 私が リクエストした
曲が ながれました。とっても うれしかったです。
　　　　　　　　　　　　　　——//////////さん

ぼくは、このごろ日記が大すきになりました。いやなことも、日記にかけばすっきりします。
これからも、日記をずーっとつづけたいなぁと思います。////////////////

5、6時間目、算数と国語のテストをしました。国語2枚、算数が1枚です。国語は2枚とも100点、算数が90点でした。まちがえたのは
「右の図には、平行四辺形と台形がそれぞれいくつありますか」
私は平行四辺形が2、台形が1
と答えました。だって平行四辺形は㋐と㋑、台形が㋒だと思ったんだけど答えは平行四辺形が3、台形が2でした。どうして―先生おしえて―////////////////

疑問を放っておかずこうして日記でたずねてくるところ、とってもいいと思います。これからも学習でわからないと思うところをどんどんたずねてきて下さい。

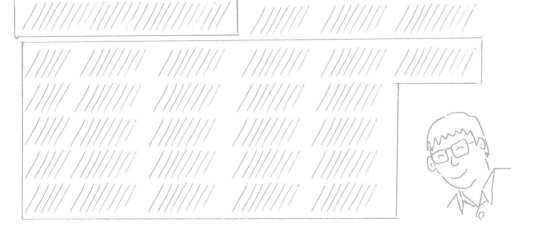

飛行船

平成3年 7月8日
2-4 学級通信
NO. 22

ひさしぶりの 飛行船です。子ども達からは 日記で「いつ出るの いつ出るの」と 攻められ、あるお母さんからは、「いつも楽しみにしております。」などのメッセージを いただき、自分の体に ムチ打って ペンを とっております。この飛行船が つい落しないように 応援してください。

技能も パワー アップ

➡P.69

漢字も 計算も リーグ戦方式！で

この学習方法の よいところは、互いが 問題を 作りあう活動が あるという点である。

例えば 漢字リーグ戦の場合は 指定された ドリルから。(ドリルには、個々の 苦手なところが チェックされている。) 相手が 苦手なものを 選んで 出題する。すると 作られる問題は 個々に適したもの 39種類もの テストが できることになる。

計算ドリルの場合は、 他人の計算の正誤を チェックすることを通して、計算の仕組みを 再理解する。

なかには、自分が つくった問題が 解けない という強者もいるが

計算力では まず 正確さ そして スピードを重視、

漢字力では 徹底して 正確さ を重視することにした。

算数教室 (No.9) 意味が わかってるか？

　整数の わり算の 学習に 入った。子ども達に 6÷3=2 の
計算の意味を きいてみた。
「6を 3つに わけると、2になるということだ」
という答えは すぐに でてきたが、もう ひとつが なかなか で
てこない。
　わり算には 2通りの 意味がある。前述したように「ひとつ分」
を求めるものと、「いくつ分」を 求めるもの である。
　したがって もう 一つは
「6の中に 3が 2回とれる」
ということだ。図にすると、右のように
ちがいが はっきり わかる。
　まず 意味が しっかり わかることが

大切。　ちなみに これは 3年の 学習内容なのだが…

日記の 提出率 95% に 上昇！

「これ以上、さぼる子には 毎日、一枚作文をさせるぞ！」
といった とたん これです。罰がないと 動けない というのは、さびし
かぎり…。

お楽しみ会 (パーティ) を 計画しました。

　今回は 各グループで 手軽な おかし づくりを することにしま
した。材料、その他は グループ内で 分担しています。個々の 負担に 差
がでるようでしたら、グループ内で 精算するように 話してあります。
『食べ物を持ちこむ パーティ』で 子供達の 自制力、計画力、そして 協力
の3点を 培いたいと 考えてます。目的は 楽しく！仲よく！です。
　※ 見守ってやって下さい。

通信を支える想い

係活動に変化が生まれた

　このクラスでは、「みんなで分担するクラスにとって必要な係」と「クラスを楽しくするための係」の二つの種類の係が行われていて、後者の係としては、新聞係が乱立しているということは先に述べました。私としては子どもたちがせっせと作っている新聞だから、どの新聞も最初は大切に印刷して配布していましたが、心の中では多すぎるなあ、紙ももったいないなんて正直感じていました。そんなときに、子どもたちから「多すぎる」「読みたいものだけにしたい」などの声が届いたのです。しめたと思いました。

　この声をきっかけに、通信にあるような三つの約束を子どもたちと話し合ってつくったのです。

　NO.20 と NO.21 の日記には、それぞれの新聞社の子どもたちの葛藤も見えます。

「もしも……」思考から見えてきた
算数的表現力の研究

　初代の通信にも、私の意識としてこの「もしも……」思考を大切に育てたいという想いが既にあったのですね。読み直していて自分に驚いています。

　この後、こうした子どもの語り始めの言葉を整理したのが、東洋館出版社で出した「算数的表現力」の研究でした。

『子どもの思考過程が見えてくる
算数的表現力を育てる授業』

『使える算数的表現法が育つ授業』

『語り始めの言葉「たとえば」で
深まる算数授業』

子ども同士で問題を作り合う活動の是非

　当時は、漢字ドリルや計算ドリルは自主学習の材料にしていました。自分で自分の苦手を意識することが大切だと思ったので、ドリルの答え合わせをしたときに、単なるうっかりミスなのか、計算の手順を間違えているのか、漢字の場合はどこを間違えて覚えていたのかをドリルに書き込むようにさせていました。

　これを使って友達同士で、ドリルの中から問題を探してもらい、互いに相手にミニプリントをつくって交換し合って解くという活動をしていました。

　つまり、それぞれのドリルが、一人ひとりのカルテのような役割になっていたということです。特に漢字ドリルの方は子どもたちも抵抗なく、楽しんで交換し合っていました。

　ただ、答え合わせは自分でした方がよいと今は思っています。当時はドリルなどを交換し合って答え合わせをするということがけっこう無神経にどのクラスでも行われていました。これは反省しています。

宿題と自由勉強の狭間で悩む教師

　この当時は、家庭学習では自由勉強という言葉が流行っていました。つまり、自分の宿題は子どもが自分で決めるのです。その中に私は日記を課していたのですが、この扱いには実はかなり迷っていました。

　本当は「書きたいことが生まれたときに書く」という日記でいいのではないかという想いと、任せてしまうと、書く力をつけたいと思う子が取り組んでくれなくて、もうしっかりと力のついている子ばかりが取り組むというようになってしまって差ができるのではないかという心配です。

　だから、通信で友達はどのぐらい書いているのか、どんなことを書いているのかを報じてました。これでいいのかどうか、これでは強制していることと同じではないか、いやでもやはり追い込んででも経験をさせた方がいいのではないか、ずっと悩みながらやっていました。

　日記の中身は、生活日記だったり、授業追想記だったり、はてな日記だったり、観察日記だったりとテーマは自由に選ばせていましたが、学習にも直結するように授業記録を書いた方がよいと思うときだけは、テーマ日記と称して課題にしていたこともあります。

　練習量の保証を目指しつつ、子どもの意思決定をある程度は尊重し続けていきたいというのは、この後もずっと同じように試行錯誤をし続けていました。

飛行船

お楽しみ会の行方 ？ パーティ気分で!!!

➡P.78

こうした 企画を させると いつも 出てくるのが 次のような
問題です。（今回の企画には 食べ物を もちこみます。）

> ① 子供達が 高価なものを 準備したがる。
> ② 用意するものの分担が うまく いかない。
> ③ 無理なものを つくろうと している。

私は前任校でも 学期の節目に、こうした パーティの 計画を 子
供達に たてさせていました。第一段階で 必ず 上記の壁に、
つきあたります。（そして 苦情の電話が …。）

こういう時に、いつも思うのは、なぜ、そこで 上手な助言をし
てもらえないのか ということです。子供の計画には、落とし穴が
たくさん あります。それも 覚悟の上で 見守ってやって下さい。

ただ、金銭的な トラブルだけは 避けたいのです。こういう時
には、的確な アドバイスを してやってください。

> 学校で 食べ物を もちこんで パーティをする。

考えただけで ワクワクしてくる企画です。そこに、一つの条件
として「一部でもいい、手づくりを」！と もちかけてあります。
清里での お楽しみ会では、ゲームや おしものが主体でした。今度はこれ
に手づくりのものを 付加して パーティ気分を 盛りあげようと 思います。
4年に なって 3ヶ月、みんな よく がんばったもんなあ！

今日、プールに入った。その時　思ったんだけど、かみを、ぬらすのは　かんたんだけど、ぬれると　なかなか　かわかない。でも　スポンジは　ぬれても　すぐ　かわく。どうしてかなぁ？本当は　ぬれているんじゃ　ないかなあ？

「ぬれているか　どうか」というのは、どうやって　調べますか？何でも　疑問にする目、いいですね！

今日も先生に　さされた。
私は　いつも　発表して　いる時は、どきどきして、どう　せつめいして　いいか　わからなくなります。
でも　自然に　ことばが　でてきて　発表しています。
こころは、私の　いいたいことが　もう　コピーして　あるのかなあ

発表するって　大変なんだよね。でも　みんな　指名すると、きちんと　意見が　言えるもんなぁ。やっぱり　心に　コピーして　あるのかなあ。///さんの「心にコピー」という　ことば、なかなか　いいな。

がまん　すること…　　ちょっと一言

　最近、子供達を見ていて「がまんする」ということが　できない子が多いなと感じます。給食を食べ終わっていないのに　立ち歩く子、そうじが始まっているのに　遊びつづける子。みんなが着がえ終わってまだ　ブラブラしている子。低学年の　気分から脱皮させなくては、と思っています。（次第に　鬼になっていく　田中先生　でした。）
　今、何をすべきかを　判断できる子になってほしいものです。

飛行船

お楽しみ会 実況中継！

➡ P.79

今日は 子供達が 楽しみに していた お楽しみ会。朝から、教室は 色とりどりの テープで かざられた。黒板には プログラムが きれいに かかれた。面白いのは 乾杯や、バンザイの コーナーが あることである。バンザイを やろうと 言いだしたのは たしか /////くん。

手づくりの 食べ物を もちこんで という 企画は 大成功。

ケーキあり、フルーツポンチあり、クレープあり、おにぎり、クッキー etc・・・。

なかなか センスの いい かざりつけの ケーキが 2つ あった。そうだ、かき氷と いうのも あった。 みんな 苦労して、道具を 運び込んでの 準備である。

ゲームが はじまった。ウインク殺人事件 というゲームである。少し、ゲームの名に問題は あるものの、犯人に なった子が す

1. はじめの ことば 〔/////〕
2. はじめの あいさつ
3. 先生の話
4. 乾杯！ 〔/////〕
5. ゲーム 〈ウインク〉
6. 3ぱん (おどり.手品)
7. 4ぱん (クイズ)
8. 1ぱん (げき)
9. ゲーム 〈ハンカチ〉
10. 5はん (5はんおんど)
11. 2はん (ブーブーおんど)
12. バンザイ 〔/////〕〔/////〕
13. おわりの あいさつ 〔/////〕
14. おわりの ことば 〔/////〕

れちがいざまに ウインクをして 相手を 倒すというものである。犯人が だれか わからないので ドキドキハラハラの ゲームだ。ちなみに これも 私が 教えたゲームだが、子供達には 人気がある。しかし、そろそろ、私が 教えたゲーム から 脱皮して 新しいゲーム をさがしてき

て欲しいものだ。 つづいて グループの 出しもの。

<u>3ぱん</u> /////. /////. /////. /////. ///// の 5名

　楽し. おどりを 披露して くれたが. 照れながら だった のが
残念。 こういう 友達を 笑わせる 企画では 本人が 絶対に 笑ったり
照れたりしては だめ。 つづいて 手品が 出る. /////くんの ひょうきん
さが 意外。 女子は 踊りの 最中に「いやだぁ〜 だって 女の子だもん」
だって。 それなら はじめから するな! と 言ってやりたかった。
/////さんと /////くんの 元気なこと。 ついには 全員に この 下品(?)
な おどりを 教え始めた。 /////さんと /////さんは 照れっぱなし…。
でも. なかなか みんなを ひきつけた いい 出し物 だった!

<u>4ぱん</u> /////. /////、 /////. /////. ///// ///// の 7名

　各班から 代表を ださせての クイズ. ゲーム。 何やら 早
押しの 道具をもちこんで、 みんなを 盛りあげる。
　班対抗なので けっこう みんな 必死。
　ところで. ここまでで 気がついたことがある。 司会の /////
さん. /////さんにしろ. 各グループの 世話をしている 子にしろ
なかなか 上手に. 会を 盛りあげている。 その場に 応じて. 言葉を
使いわけている ところが なかなか にくい。

/////さんの
つくってくれた
私の似顔絵入りクッキー

<u>1ぱん</u> /////. /////. /////. /////. /////. /////. の 6名

　ここは 私の モノマネらしい。 授業風景を 再現. ところが 2分も
もたない. すぐ 終れてしまって 残念。
ここまでは 教室で おこなわれる. つづいて 第一体育室に うつって. 会は
つづく。
　　　　　　　　　　　　　　　　　　　　　　　　　　（つづく）。

楽しく 会は 終わりました。 少々 やりすぎの 感も あるグループも あって
注意をうける 場面が ありましたが. みんな よく 準備していたと 思います。

飛行船

平成3年 7月16日
NO.25

続・お楽しみ会 実況 中継.？

　第一体育室に 会場を うつして さらに 会はつづく。 元気な
5はん音頭と 2はんのブーブー音頭. なかなか 度胸が いい。
　照れずに おどっているところは たいしたものだ。 2はんの劇
も なかなか 可愛いい ものだった。
　しかし. この後が いただけない。 アメ玉を ばらまいて. みん
なに とらせるといいうことをした。 私は. こういう光景は きらい
である。 お祝いでやる モチまきや アメまきとは 少々 異なる。
　食べ物を 体育室に バラまいたことも まずい。 この一点を
のぞけば. 会は まずまずの できだと 思う。
　そして. こういう会で 食べ物を 用意する時は. どのくらい用
意すれば よいかも わかっただろうと思う。 今回は. はじめて
だったからだろうが. 少々. 作りすぎである。
　給食が 食べられない子が たくさん 出そうでコワイ…。
　最後のゲームになる。教室にもどってやるわけだが 子供達は.
イスとりゲームを 計画していた。 しかし. 教室では せまいよと
いう意見が でる. さびしいのは. せまいから. 人数を少し.
減すという 考えが 出ないこと。 せまい→ 即中止 →ゲーム変更
となるところが. まだまだだ。 それでも ちがうゲームで すぐ. みん

なが、まとまるところはいい。ともかく、ある先生からも 言われたことだが、この2部4年、なかなかに よく まとまっている。

あとは 計画を 見通す力、やってよいこと、悪いことを判断する力 などが つけばよい。調子に のると、どんどん つっぱしってしまう。そこが 良いところでも あるが、こわいところでも ある。

（この次のパーティは 運動会で 勝って やりたい ものだ。負けたら 12月の忘年会まで おあずけだ！ ）

最後の /////さんの あいさつ。これは、なかなかに よかった。

お楽しみ会の最後は 4月にやった 自己紹介ゲームで しめくくる。これから 一週間、男子も 女子も 互いに 苗字ではなく、名前で よびあうという ルールをつくった。

さて、さて、一週間で どんな雰囲気になるか、楽しみである。

不思議なことに 名前で よびあうということ だけで、ぐんと親近感は 増す。

夏休みが 終わって 早く みんなに 会いたい。そんな気持ちにさせて、この3ヶ月を 終わりたいと 思うのである。

昨日は 私も風邪でダウン。皆に 迷惑を かけたこと、申し分けないと 思ってます。

さて、夏休みも あと 3日と なったところで 夏休みについて 一言…。

宿題のない 夏休み… 実は これが一番 こわいのです。

詳しくは 次号で

飛行船

夏休み、どう過ごしますか。 ➡P.80

宿題のない夏休み。(といっても塾の関係で多忙を極める子も少なくないでしょうが…。) これは、過ごし方によって 夏休み以降の 子どもの伸びに 大きく影響します。

大切なことは 目的をもって過ごすことだと思います。

親子のふれあいを 多くもつ
自然の中に 入って 日常できない 経験をする
学習の 苦手克服に うちこむ。　　　　etc

目的は 何だっていいのです。夏休みが 終わった時に、

『 私は、この夏休みに 〇〇〇を がんばった！ 』

と言える 子供で あってほしいと 思います。

そのためにも 夏休みに 入る前に 親子で 話しあって 目的を 決めてみては いかがでしょう。

ただし、 宿題がないのは 決められた 漢字ドリル、計算ドリルの終了者のみです！ 念のため …。

今日の時点では

漢字ドリル終了 26名　　計算ドリル終了 11名

といったところですが …。

昨日は、おぼんの入りで むかえ火を たきました。仏だんの前には おそなえ物が ずしりと ならんでいます。

夕方になって 新聞紙と おからを もやして もえて来たら、お位はいを 煙に かざします。そして 火が もう きえかかったら じゅずを 持って おがみながら 盆の上を 3回 またぎます。これで 火を 消して おわりです。私は 盆の上を またぐ時 じんべいさんに 火がつかないかな、あるいは 着物に 火が つかないか 心配でした。

でも よかったことに だあれのも 火は つきませんでした。私は 何か オーバーな 考えを してたみたいです。それに たましいが 帰って来るなんて とても こわいです。でも 一年に 一度 会えるから うれしいです。残念な ことに 姿形一つも 見えません。遊べたら、いいのになあと 思います。せっかく 来て くれたのに 残念だなあ

//////////さん～

子どもウォッチング

昨日、他の部の子が 給食の残飯を ろう下で ひっくり返して しまいました。だれもが 遠すぎに 見て 気もち わるーいと 声をあげるだけでした。ところが そんな中を ぞうきんをもって 手伝いに いった 女の子が いました。2部の//////さんと //////さんでした。こういう 気もち、とても 大切だと 思います。なかなか できることではないでしょう。そして 子供の こういう時の姿こそ、真の 家庭教育の 表れでは ないでしょうか。私は 少し 離れたところから 事態を見守っていましたが「我 関せず」といった 子が 何と 多かったことか…。一番 悪いのは、そばで はやしたててるだけの子…。夏休みには ひとつ、こうした面での 教育を家庭にも 期待したいと 思うのです。

クラスの個性発揮を目指して
―夏休み前の打ち上げ？を子どもと計画して楽しむ―

　今では、あまり聞かれなくなりましたが、この時代、子どもたちといわゆるお楽しみ会とかクリスマス会（その後名称はいろいろと配慮が必要と言われてましたけど）、はたまた時には大人に対抗した子どもの忘年会なんてのも、それぞれのクラスで担任の個性で企画し楽しむことができていました。

　今思えば、かつての学校にはゆとりの時間が結構あったのです。

　私は山口県の公立学校時代からよくやってましたから私だけの特別なことではありませんでした。もちろん、私ほど頻度の高い先生はあまりいなかったと思いますけどね（笑）

　ただ、このような企画をすると、必ず小さな事件がいくつか起きます。

　当時からケーキを作ったり、サンドイッチやカナッペなんて作ることを、低学年では生活科、中学年では学級活動、高学年では家庭科などと合体させてそれを食しながら互いの出し物を楽しんでましたが、こうして食べ物が絡むと子どものことなのですぐに羽目を外してしまう子も出てきます。

　すると、親からこうしたことで指導すると家庭で子どもともめたり反発されたりするのが面倒だから、このイベント自体をやめてほしいという声が出ることがありました。

　この通信（NO.23）での私の一言は文字通り、企画を仕掛けると必ず見えてくるこうした子どもの実態に出会ったときこそが、大人が指導する絶好のチャンスだととらえてほしいと思ってのメッセージです。

　これは、私が一貫して発信し続けていることです。子どもが意欲をもって動くと必ずそこにはトラブルも生まれるのです。動かないときには見えなかったものが動くことで見えるようになるということをマイナスだと思わないでほしいという提案は、その後他の場面でも同様に伝え続けています。

　この意識がないと、子どものトラブルで疲れてしまう先生がたくさん出てきてしまいます。おそらく、多くの学校の楽しい取り組みがこうした小さな声でどんどん姿を消していったのではないかと思うのです。

　事件が起きるから、トラブルが嫌だから……。転ばぬ先の杖がどんどん増えて、担任個々もその対応からはできるだけ避けたいという気持ちも増え、いつの間にか学年そろっての横並びの行事しかできなくなり、クラスの個性は消えていったように思います。

　私は2017年の最後の担任のときまで、そしてその後管理職になってからも担任が個性を出すことをずっと推奨し続けてきました。

　子どもたちに個性発揮を求めるならば、目の前に立つ担任の先生のクラス経

営も個性的であってほしいと願うからです。

　横並びで誰かにずっと責任を取ってもらってきた人が、いずれ管理職になると、今度は誰にも頼れなくなります。するとそれが怖くて最小限度のことしかしなくなった結果、学校が窮屈になっていませんか。

　いつも他の誰かに許しを、お墨付きをもらってからしか動けなくなる前に、自分で判断する練習を積み重なるという意味でも学校現場が、担任の個性を発揮できる小さな場面を保障してほしいと思います。

子どもの活動を実況中継すること

　このお楽しみ会のときも、遠足のときも、そして合宿のときも、私は通信の中で、彼らのそれまでの取り組みや当日のドタバタ騒動、時には子どもたちが互いに助け合う温かい雰囲気などを、その場面が彷彿と思い浮かぶように、実況中継と称して報じていました。

　親はこのような空間を見ることができないからです。親が見ようとすると一瞬にして子どもの世界は変わってしまいます。子どもの世界をちゃんと見るのって実は難しいんです。その意味では、よく研究会で、私は研究授業をたくさん見てきたから小学校の授業のことはよく知っていると豪語する研究者にたまに会いますけど、その方は子どもの世界のことがまったく見えていない方です（笑）。外部の方が一人でもその部屋に入ると教室の空気は一変します。それは非日常だからです。そんな光景をいくらたくさん見たところで日常の担任の苦労はわかりません。いや見ない人よりはいいけれど、それで見えていると言い切る人には最前線で子どもと向き合う授業の時間の本質はわかりえないでしょう。ましてや目の前で爆睡している大学生との日々の自分の授業の改善はまるっきりできていない方には……ね（笑）

　話がそれましたが、いつもそばにいる担任と子どもの世界を保護者の方にも少しでも感じ取ってほしいと思って、私は彼らのこうした姿を伝え続けてきました。ただし、実は子どもの世界はもっともっと奥深くて、担任の先生でさえも実はその場にいるからこそ見えなくなっている、いやもしかしたら消えてしまっている子どもの事実もあるという戒めはいつも持ち続けていることが必要です。子どもたちと過ごす日々はそばにいる大人のバランス感覚と意識改革が常に求められ続けています。

子どもによって異なる夏休みの宿題

　当時は、教師から一方的に課す宿題よりも、子どもたちが自由に課題を決めて家庭学習をするという自由勉強（研究）の方が主流でした。近年、個別最適な学びの話題がよく取り上げられますが、その発想は何も新しいことではありません。もっと古くは「自由研究」という科目名が日課表に入っていた時代もあるほどです。でも、いつの世も最低限度の学びは確保したいという大人側の想いとのバランスが課題になります。だから漢字や計算のドリルのようなものは並走して使っていました。私は、このような日々のドリルなども子どもたちにその進め方は任せていたのですが、どうしても子どもによって取り組みの差が出てしまいます。そこであらかじめ、計画通りに終わらなかったら長期の休みに取り返すことを約束にしていました。日常頑張っていると夏休みの宿題はないよというメッセージです。この通信で（NO.26）の夏休みの宿題の記事はそのことです。

　ただこのときも、単なる無計画でたまったものなのか、苦手な学習があってたまったものなのかによって本来は課すことを変えた方がよいのではないかという葛藤はいつもありました。その意味で、夏休みになるまでのいくつかの節目で時々、「今、どこまで進んでますか」ということを子どもたちに尋ねて様子を見ていました。苦手なところはとりあえず飛ばしていいという約束も入れて時々、ドリルを提出させてどこを飛ばしているのかを観察することもしてみました。しかし、本当の意味での十分なフォローはしきれていなかったなあと反省する日々です。

夏休みまでに発信し続けてきたメッセージ

　振り返ると、この年の通信は、4月になんと8号、5月はゴールデンウィークもあったのですが8号、6月が5号、7月が5号の発行です。

　学級開きからの二ヶ月間に猪突猛進で発行し、私からのメッセージを保護者に、子どもに届け続けました。

　クラスづくりは最初の3日間が勝負とよく言われます。もちろん、それも意識はしますが、私はまずはゴールデンウィークまでと夏休みまでの二段階を自分の中で強く意識していました。

　逆に言うと、ここまでで私のことを保護者の方が応援してくれる雰囲気になれば、また子どもたちが笑顔で取り囲んでくれるようになれば、ここから先は自然に情報は届くようになります。

　2学期から突然、失速する私の通信に対して、子どもたちから「お父さんが楽しみにしているから続きを出してねと伝えてだって」というように逆に反応が返ってきます。「最近、通信がないけど何してるのと言われたから、今は運動会の練習で先生、そんな暇ないみたい……と伝えといた」なんて親子の会話

も届いたりします。

　実を言うと、公立学校時代は、年間100号を出し続けることを同僚と競っていた私ですが、その時代にはこうした声を聴くことはありませんでした。

　初年度、意気込んで上京した一年目の割には42号までしか出せなかった情けない自分を今、振り返っていますが、この失速を始めた期間には公立学校にはなかった運動会の文化に圧倒された日々や、桁違いの規模の入学試験の準備に翻弄される体験、そして重くのしかかる伝統に対して抗う私がいたのです。

　通信では読み取れない日々もこの後、回想を交えてお届けしていきます。

飛行舟合

平成3年9月2日(日)

NO. 27

K 題字: ///////// 作

夏休み終了！気分一新！ (がんばりましょう！)

長い夏休みが やっと 終わりました。お母さん方の ホッとした顔が 目にうかびます。「ずっと 家で ごろごろしていて、本当にもう！ はやく 学校が 始まってくれないかしら！」なんて 思ってらした方も 正直のところ 多いのでは…。

➡P.94

朝、元気な子ども達の顔を しばし、観察してみると…。

★ 早速、パズルコーナーに たむろしている 男子7名、女子2名…。
　(うむ、この子達は 体調よさそうだ！)

★ 席について、必死に 本(マンガですが)を読んでる 男子2名。
　(いつも、騒ぎまわってるのになあ、少し 落ちついたのかなあ)

★ 夏休みのことを 話題に ギャーギャーと 井戸端会議の女子数名。
　(これも、楽しそうで いい！ 元気もいい！)

★ おや…、ぼうっと している顔が 女子2名、男子3名…。
　(うむ、どうやら、ひさしぶりの 早起きらしい。早く 体のリズム を もとに もどさないと 大変だぞ！)

★ 自分の席が わからず 立ちつくす 男子1名。(夏休み前
　の席を忘れたそうです。他にも チラホラ いましたが、この子は
　なかなか 思いだせなくて 困ってました。　かわいい ものです。)

と、まあ、こんな調子で 始まった、九月です。
　　　　　今日から、また 闘いの 日々が 始まりま～す。
　　　　どうぞ、よろしく お願いします。

来週(月)
(計算カテスト と 漢字
カテストを おこないます。
ドリルの中から 出題します

日記を 毎日. 書いた人が 9名も！

夏休みは 特に 課題を だしていませんが 自ら 進んで 日記に
とりくみ. 40日間. 一日も 休まず がんばった 強者(つわもの) が おりました。

/////くん	/////くん	/////くん	/////くん	/////くん
/////さん	/////さん	/////さん	////さん	

「継続は 力なり」と いいます。 この9人の がんばりに 拍手！
また. 毎日では ないけれど. 自分にとって 心に 残ったことを うま
くまとめている人も 何人か いました。文章を 書いた量は. 毎日、
書いた人に 負けぬくらい あると 思います。
　がんばった成果が どう でるか 楽しみですね。

✿9月4日(木)ぶどう 狩りに 保谷農園へ
　　　現地集合 9時 30分.　　　解散 11時. 詳しくはプリントを

飛 行 船

計算力、まずは 正確に。そして より 速く！

先日、かけ算(3位数同士) と わり算(2位数でわる)の 計算テスト を 行った。その方法は 一枚のテスト (25問)を まず 3分で 取り組み、できた 数を 記録する。続きを 再び 3分…これを 3回くり返す。の採点は、25問中 何問正解できたか、② $\frac{正解数}{といた数}$ ＝正答率 ③はじめの 3分で できた数は いくつか、などの データを とることによって 行う。ちなみに このテストは ①～⑤番まで で、1つの セットに なるように 問題が 配置してある。つまり 計算の仕方が わかっているかどうかは、横の列を 見るだけで わかるように なっている。(⑥～⑩も 同様である。) 従って 子供達が プリントを もって 帰ったら、次の点が よくわかる。(A)→(B)→(C)の順に 力を 伸ばして いきたいものだ。

(A) 計算の仕方が わかっているか。
(B) 正確に 計算することが できるか。
(C) 速く 計算することが できるか。

ちなみに 2部4年の 計算力は。(かけ算の場合で)

平均正答率 90%。

9分間で 全問できた人数 11人 (できた数だけで 判断)
つまり 正解、不正解は別

25問完答者 3人、これは すごい！

(/////くん、/////さん、/////さん)

近い将来、計算は 機械が 担当 してくれるだろう。だが、当面、ある程度の 計算力は 必要だ。がんばって、計算力を 自分の 武器と させたい。

→P.95

ひさしぶりの 算数教室 （NO.10）

名古屋の先生2名が参観に

全部で何円になるでしょう。
80×8＝640　640円

黒板に 左のような 問題文を 書く。ところが 肝心の 問題文が 見えない。逆に 式と 答えが 見えている。〜〜〜 の 部分には 一体 どんな 問題文が 書かれていたのでしょう？ と 子供達に たずねた。

「1本80円の えんぴつを 8本 買いました。」という 類の 問題文になるよ」という 意見が たくさん 出る。無理もない。いや、まさしく、そのとおりなのである。しかし いじわるな 田中先生は …

「では、問題文の 一部を 見てみましょう」 といって 一部を 板書する。

1つ 35円の おかしと

すると 80円という 数は でてこず、35円という 値が 出てきた。

子供達から 「あれ〜？」という 声。少し間を おいて 「わかった！ もう一つ 45円の おかしが あるんだ」という 声も。

「いや、もしかしたら、30円と 15円の ものかも しれないぞ」という 意見も でる。なるほど。もとの 問題文が はっきり わかるように するためには 見えている 式が 80×8 では 都合が 悪い ということが よくわかった。子供達に 35円の おかしと 45円の おかしが あることを 告げ、どんな 式が 見えていれば よかった のかを 考えさせた。

(ア)	35×8＋45×8＝640
(イ)	(35＋45)×8＝640
(ウ)	35×8＝280　45×8＝360　280＋360＝640
(エ)	35＋45＝80　80×8＝640

の 4通りの 式が でる。(ア)や (ウ)では、別々に 買った イメージに なり、(イ)や (エ)では セットに なっている という イメージに なる という。

同じ 式でも その 背景に ある 場面は 異なる ことが 学習できた♡

飛　行　船

平成 3年 9月11日(木)
NO. 29
題 //////////// 作

算数のコーナー いろいろ！ なかなか 面白い！

　子供達の 日記に 算数コーナーを つくった。中身は 授業の質問、自分で見つけた おもしろい 問題、文句、など いろいろだ。今回はその中から いくつか ピックアップ してみた。

➡P.96

（算数の質問）

・先生、なぜ サイコロの うら、おもてをたすと 7なの。
　いろいろあっても いいんじゃないですか。　　　　　（//////）

・昔の人は いつ、どんなことが おきて、数字を作ったのか
　ふしぎに思う。　　　　　　　　　　　　　　　　　（//////）

・どうして $\frac{2}{3} \times \frac{4}{5}$ のときは $\frac{2 \times 4}{3 \times 5}$、こういう 式なのに
　$\frac{2}{3} \div \frac{4}{5}$ のときは $\frac{2 \times 5}{3 \times 4}$ になるのー！ どうして $\frac{4}{5}$ を $\frac{5}{4}$
　にかえるんですか。それと、どうして かけざんなの？　（////）

・先生、なぜ 円周率は 3.1415926535… なのに、
　円を 求める場合は 3.14 なんですか？　　　　　（//////）

・算数って いつごろから あるの？　　　　　　　　（//////）

　なかなか、おもしろい 質問ばかりで ある。算数の 歴史に 興味を もっている子が けっこう いる。また、機械的に 計算はできても、その 意味が わからぬまま、計算して しまう 現代の 体制が、よく 反映している 質問も ある。

////さんの $\frac{2}{3} \div \frac{4}{5}$ が なぜ $\frac{2}{3} \times \frac{5}{4}$ になるの？ という 質問は、まさしく それだ。内容は 6年生のものなので、ここで 意味

を教えてしまうと 少し 困るのだが‥‥。

一つだけ 答えておこう。 なぜ わり算なのに かけ算に するか。
実はわり算で やっても いいのだ。
例えば $\frac{4}{6} \div \frac{2}{3} = \frac{4 \div 2}{6 \div 3} = \frac{2}{2} = 1$ となる。

（これまでの方法 $\frac{4}{6} \div \frac{2}{3} = \frac{4}{6} \times \frac{3}{2} = \frac{12}{12} = 1$ と同じになる。）

しかし、$\frac{2}{5} \div \frac{1}{3} = \frac{2 \div 1}{5 \div 3}$ のように 分母が わりきれない 時には、
ちと 困る！ そこで‥‥。 この先は、いずれ 授業でスッキリさせ
てあげます。それまでの お楽しみ！

<u>面白い問題、見つけた</u>

①	左の図を一画（一筆がきのことだろう）で かくには、どうしたらいいでしょう！　　　　　　　　　　　（/////）

 14このはこを 左の図のようにぴったりとくっつけて つみかさね、はこの まわりを赤くぬると 赤くなった面は いくつあるでしょう。　　　　　　　　　　　（/////）

時計の針は 1日に何回 かさなるでしょう。 （/////）

13本の さくを使って、6頭の 牛を かったのだが、さくが 1本
こわされてしまった。 そこで 12本だけで うまく 6頭を か
えないだろうか。　　　　　　　　　　　　　　（/////）

 （///// さんの ノートには かわいい
牛の絵が きちんと かかれてました）

この他にも いろいろある。次号で ひきつづき 紹介する。///// さん
/////さん /////さん /////くん の ノートから 予定している。

飛 行 船

平成3年 9月12日(金)
NO. 30
題 //////// 作

算数のコーナー、について一言!

➡P.97

　このコーナーは、かける時にかけ、といってある。毎日でなくとも見つけた時にかけば よいのだ。私としては、授業中の学習でどうしても わからない、納得 いかない というものに出会った時に 利用してほしいと思う。1日に1つ 疑問を 解消すれば 一年間には 相当の量になる。小学校の 学習内容なら すっかり 終了できる。

　だから、こそ、このコーナーを 有意義に 使ってほしい。

　何も無理して パズルや 入試問題を もってくることは ない。

　こうしたものは、授業で わからないことは 今のところない といった人に 取りくんで もらいたい。まず 足元を きちんと かためよ!

　ちなみに、パズルや 入試問題に まともに答えることを 私は あまりしない。ヒントや 方向性を 示すことはする。わざと まちがえることもあれば、本当に まちがえる こともある。

　できれば 面白い 問題を 自分で といてみた後「こうだった」と 書いてくる方が いい。一生懸命 やったが どうしても とけない。一応 私は こう考えたけど … というような 報告なら 一層良い!

　例えば、次の/////くんの ように…。これは、その前日、/////くんからの 質問に 私が ヒントをだし、再び、挑戦した 時のノートである。翌日、このノートは さらに 改良され、3日目に 彼は 正答に 達した。考えることを 楽しんでいる姿に感心!

問題

図1

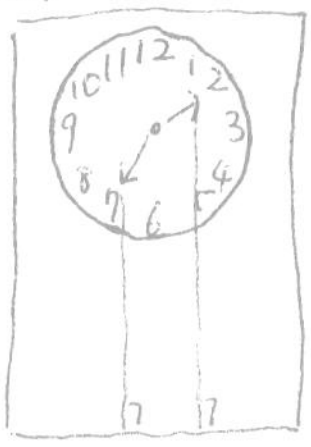

図2

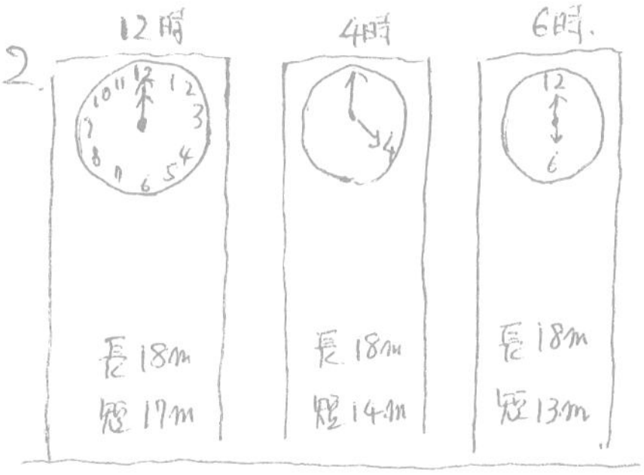
12時
4時
6時
長18m
短17m
長18m
短14m
長18m
短13m

ある時計台で地面から長針、短針の先たんの高さを12時、4時、6時ではかったところ図2のようになりました。

○この時計台の長針の長さは何m？

昨日のコラムに、問題のヒントを先生がくれたので、さっそくといてみます。
まず、6時のところの長針＋短針で、
18＋13＝31mになりました。
そして、長針−短針も6時の時でやってみます。18−13＝5になりました。
この2つの式で何かヒントがないかなー？
そうか、こうじゃないのかな長針＋短針＝5mっていうことだ

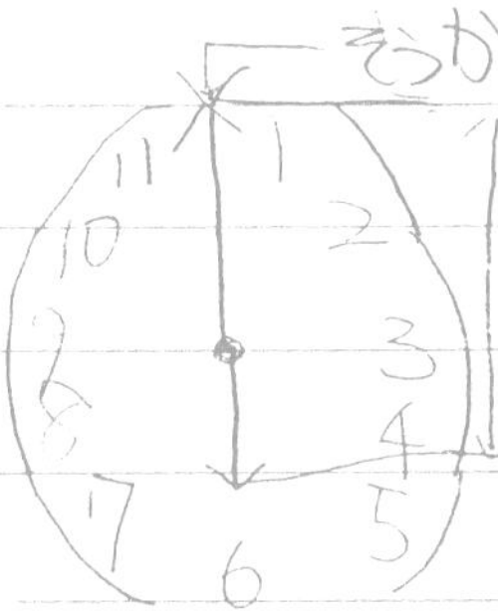
たての長さが5m→

それで、長針よりも短針の方が短かいんだから長3：短2か、長4：短1だな① そうか、12時のときの長針＋短針をすればいいんだな。18−17＝1mということは、長針と短針の差が1mということだから、
答えは、3mになりました。
なぜ、3mになったかというと、5m÷2お2m…1mなので、2＋1＝3mになりました。先生、これであってるんですか？
それで、こういう式も考えてみたんですけど、こっちはどうですか？
18−13＝5m（6時）18−17＝1m（12時）（5＋1）÷2＝3
A．3m

飛行船 平成3年 9月17日(火)

題 //////////作 NO.31

続・算数コーナー いろいろ！

面しろい問題見つけた。

下のサイコロを見て うら側りの数字をあててね！でも ふつうのサイコロとちがって 7とは かぎらない。

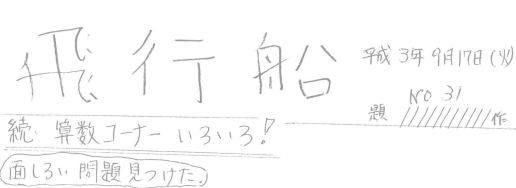

① ② ③

1のうらは？ 2のうらは？
・・・(//////)

あみだくじで 賞品を分けることにしました。このままだと A男が香水を もらうが、あと一本線を引いて、A男には カメラ！ D子には 香水とするには、どうするでしょう。
(//////)

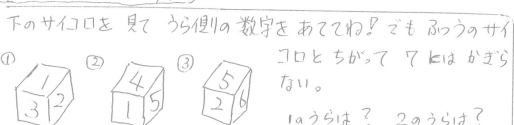

A B C D E

香水 ハンカチ カメラ タオル えんぴつ

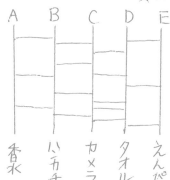

2cm
2cm
15cm

3つの正方形を 組みあわせて、左の図のような図形を作りました。
この図形の面積は いくつ？(//////)

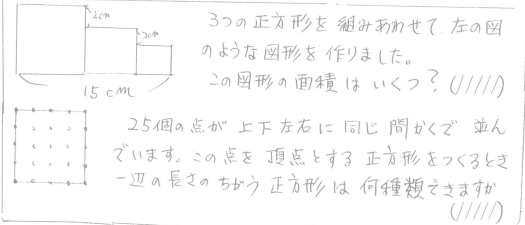

25個の点が 上下左右に 同じ間かくで 並んでいます。この点を 頂点とする 正方形をつくるとき 一辺の長さの ちがう 正方形は 何種類できますか
(//////)

※ 次号より 算数の歴史に関するコーナーを連載します。子供達の質問の中に 歴史に 関するものが た〜くさん あるので！ ご期待！

（面白い本見つけた。）

　算数の本で、とても面白い本があります。その本の名前は、つる
カメ算マンガ攻略法 と 旅人算マンガ攻略法 と 塩水算マンガ
攻略法です。1冊にだいたい8こぐらい、のっています。例え
ば 和差算、流水算、仕事算などです。ぼくは、この3冊を持
っていますが、もう一つ ニュートン算マンガ攻略法 が、
今度 発売するので 楽しみです。　　　　　　　（/////）

（友達のコーナーを見て）　〜日記より〜

　先生、今日の 飛行船にでてた /////君の問題を ちがう
やり方で やっちゃった。12時の 地面から 短針の先までの長さ
－6時の 短しんの長さ は 17－13＝4　　4は 短針2つ
分の 長さです。だから 4÷2＝2。
　短しんは 2mです。12時の 長針－12時の 短針は 1m
だから 2＋1＝3 で 長針は 3m。短針は 2mです。
できてるでしょう？　　　　　　　　　　　　　　（/////）

　最近、なかなか 知的な日記が 増えてきましたよ。
/////くんの ように 友達の日記の 問題に とりくむ というのも、
面白いですね。
　ところで 面白い問題を 問題集の中から 見つけては うつして
る人。それより、自分で 解いてみた時の 様子をかいてくる方が
いいな。一番いいのは、自分で 面白い問題が つくれること。
でも、これは 少し むっかしいかな・・・。

飛　行　船

平成 3年 9月 24日
No. 32
題作 //////////くん

算数の歴史シリーズ（その1）数字は どうやって 作られたか？

子供達の 疑問に 一番 多かったのが 数字のこと。

では、その歴史は…。

数字の 型の 起源は 大変わかりにくいが 一種のパズルのようなものである。

漢数字は、その数だけ 横棒で 引く という 発想から 生まれた。

例えば 1〜4 までは 一 二 三 三 というように。後に 三は 四と 変わっていく。5は ✕ 6は 〈 7は 十 8は 八 9は ㄅ とかかれて いたとか。いずれも たくさん 棒をかくだけでは わかりにくいので 簡略化した 記号を 対応させた だけだ。10は ┃ と表していた。

それに 飾りがついて † となる。20は ╫ 30は ╫╫ となる。

ローマ数字は 手の指の 型から 作られた ようだ。

　Ⅰ Ⅱ Ⅲ Ⅲ までは わかるだろう。（もちろん Ⅲは Ⅳ ともかくが…）

　Ⅴは ✋ Ⅵは ✋✊ といった 感じ。

日常、使う 算用数字は その角の 数(?)による らしい。

　1 2 3 ✕ 5 6 7 8 9 （もちろん 違う 語源も 伝わっていて 定かでは ない。）

つまり 数字なんて 深い 意味は ない。

それに 1つずつの 数を 対応させた だけなのだから。

君たちが 古代人なら どんな 数字を つくるかな。

自分にしか 通じない 秘密の 数字を 作って 暗号にしておく と 面白いかも ね♪

今日、算数の雨に 4.4.4.4 を使った勉強を しました。最後の 1.2.3.4.5.6.7.8.9 をつくる時 思ったことは あまり 考えこむと ぜんぜん できないのです。

1.4.6.8.9は かんたんに できました。次に 2をやろうかなーと 思ったら、答えが 3になってしまいました。そのうち、ベスト10が 決まってしまいました。とっても 残念でした。

家に帰るまても、家に帰ってからも 思いついた時、頭の中で 計算をしていました。（でも ほとんど 考えていなかった けれど…）

家に帰って つかれたので、昼ねを しちゃいました。そして、おすたら、頭の中に 44444… とあの計算のことを 思いだしました、それで 4×4÷(4+4)＝2 とでて、あわててノートに 書きうつし、次に 7はどうかなーと思って 頭の中でめちゃくちゃに やったら 4+4-4÷4＝7 と いっぺんにでてしまいました、その時は 自分でも びっくりしたので、
「うそー できちゃったー！」
という感じでした。
今日の算数は とても おもしろかたです。 …(略)
//////////////////

　　ここまで 考えるなんて すごいです。( )を使った式も 四則の混じった式も これで バッチリ！

さあ、運動会まで あと一週間。毎日の練習も 少しずつ エスカレートして、筋肉痛を 訴える子も チラホラ…。
　全校を 見まわしても けが人の 多いこと。体調を 万全の状態にして 運動会当日を むかえたいものですね。

夏休み明けの通信

　NO.27 では、夏休み明けの教室の光景を観察した記事を掲載しています。

　私は、いつもこうして子どもたちを観察するコーナーを学級通信で意識していました。その後の通信でもバードウォッチングならぬ「子どもウォッチング」というコーナーを作っていたのですが、それは筑波小初年度から共通して行ってきたことです。

　こうしたコーナーのよさは、対子ども向けと、対親向けの二つの点であると思っています。

　一つ目は「先生は君たちをいつも見守っているよ」というメッセージを届けることができるということ。このコーナーでは、直接では照れてしまう褒め言葉もしっかり書くことができるし、押し付けてはならないけど私としてはこう感じているという価値観も伝えることができるというよさがあります。

　二つ目はこれが同時に、対保護者に向けてのメッセージにもなっている点です。特に、子どもの人間関係が不安定になってきて、小さなトラブルが続くと、保護者の中には、この先生は子どものことをしっかりと見てくれていないのではないかという不安が起きることがあります。それに対して、日常的に私がどのように子ども観察をしているのかが伝わると、少し安心してもらえます。

　このときは、パズルコーナーの子どもたちの様子でしたが、実は男女が仲良く遊んでいたのが夏休み前とは異なる点でした。私の目指す男女の仲のいいクラスづくりはこうした小さな時間にも変化があるものだと思いました。

　でも、もう一つ伝えておきたいのは、休み明けでぼーっとしている子の存在です。初日から元気溌剌にしている子と、そうではない子では、休み中の生活の過ごし方に違いがあることが多いのです。それを間接的に知ってもらうということも目的にしていました。

　ただ、こうしたメッセージを伝えるときも、あくまでも、その子どもたちのことを冷たい目で見ているのではなく、かわいいと思っている私の気持ちも込めながらのメッセージになるよう心掛けていました。

　それが「あれ？　ぼくの席ここじゃなかったっけ」の姿の報告になってます。一つのことを伝えるにも、こうして読み手の気持ちを考えつつ、表現することに苦労していました。

夏休みの日記継続者を伝えるときのジレンマ

　当時は、「書く力」＝学力の源という認識が、教育界にはありました。私も

そう思っていたので、特に「書く力」には重点を置いていました。近年、子どもたちの学び方にもいろいろな方法があることを知り、特に東大に進んだ子が「自分は『見る』だけで漢字を覚えていた」ということを知って、子どもたちに向いている学び方を模索していくことが必要だなと感じています。

　30年前のこの時期は、「継続して」「書く」ことを大切にしていたので通信のような刺激を子どもたちに与え続けていました。

　ただこのときにも、単に強いるだけではなくあくまでも自分の意志として取り組み始めてほしいという願いは持ち続けていました。でも先にも述べたジレンマをいつも感じていました。任せっきりにしていたのでは意欲的な子はどんどん進むけれど、そうではない子がそのままになっていて差がつくだけという悩みです。それがこの「夏休み中に書き続けた９人の記事」でした。

　もちろん、このような方法があまりよくないということも認識していました。ただ、救いは、このときの９名のことを知って夏休み後に燃えて取り組み始めた男子が数人いたことです。その子はその後卒業まで、書くことに燃えてました。その中の一人のＳくんは、なんと修学旅行中も寝床でせっせと書いていて、友達が呆れていたそうです。でも、この子曰く「書き始めるとなんだか面白くなって、書かないと気が済まないようになってきた」のだと。

　走ることが日課になっている人が、走らないと気が済まないというのを聞いたことがありますが、「書く」という活動において子どもたちにもそんな感覚が宿るのだなあと感心したものです。

算数教室のNO.10の実践に思う

　筑波小一年目の新人時代です。まだ雑誌社からの原稿依頼もそんなに来ないので、自分でこうして積極的に算数の授業記録を残しておこうとしていました。自分で学級通信の中に位置づけておかないと、ずるずると日々を過ごしてしまいそうだったので自分を追い込むためにも位置づけていました。

　でも、昨年までに発刊した『学級通信で見る！田中博史の学級づくり』（１年と６年）にはこのコーナーがかなり少なくなっています。実は筑波小に赴任した二年目からは、急に原稿依頼が増えて雑誌原稿や単行本原稿に明け暮れるようになってしまったからです（笑）

　もちろん、一石二鳥で書けば通信ももっと増えていくのでしょうが、雑誌に書く論文形式のものは、親や子どもが読むにはやはり硬いので、役割が異なると感じて使い分けをしていました。

　今、こうして久しぶりに、三十代の頃の実践を読むと冷や汗をかきます。よくぞ、こんな浅はかな展開をしていたものだと……。

　当時は、こうして逆に問うということを授業づくりによく取り入れていました。手島勝朗先生のループ学習（単元内の指導計画の設定を通常とは逆に位置づける取り組み）などの実践を読んでいた影響かもしれません。手島先生のは単元レベルでしたが、私は問題の出し方自体もこうして、時には逆に設定する

と面白いのではないかと考えたのです。最近ではこうした取り組みは珍しくないですが、当時はセオリーとは逆のことをすると必ず批判されていました。

　でも、今読み直してみると、式の役割だけに注目させるにはよい試みだったと思っています。

　このときは、問題文の前半が見えないという設定で「全部で何円になるでしょう」という問いかけにしてみました。そして解決のために書かれていた式は、80 × 8=640　640 円です。これから問題文の前半を想像するわけです。

　すると、子どもたちは「80 円の鉛筆を 8 本買いました」とかじゃないかと言ってきます。その後で少しだけ問題文をめくってみます。すると、「1 つ 35円のおかしと……」という文が見えてきました。子どもたちが「それは変だ」「そうか、もっとお菓子があるんだ」「それなら式にもそれがわかるようにしておけばいいのに」という意見が自然に引き出せました。

　子どもたちに伝えたいことは、式には、答えを出すためだけの役割ではなく場面を表現するという役割もあるという点です。

　私自身は、この浅はかな展開の工夫を反省して私の「授業・人」塾の若い塾生に話したら「でも、田中先生、こういう設定だったら私たちでもすぐに真似できそうだから、他の難しい教材づくりよりも逆にわかりやすくて使いやすいです」と言われました。若いときの実践にはこういう親しみやすさもあるということですね。

見つめる算数世界を子どもと一緒に拡げる

　この時期は、ともかく面白い算数の問題をたくさん探してきては、子ども同士も紹介し合うという試みをたくさんしていました。もうお亡くなりになりましたが、坪田耕三先生から教材開発についてたくさん教えてもらっていたことが大きな影響になっていました。当時は面白い教材のことを「ネタ」と呼んでいて、社会科の有田和正先生の書籍に代表されるような、「授業のネタ」シリーズが教育界を席巻していました。多くの若い先生が算数・数学の歴史を学びそこから日々の授業に使えるものを探し出し、教材化していくということが通常でした。今のように教科書をそのままやればよいという意識ではなく、誰もが子どもたちを喜ばせるための教材づくりに取り組んでいたように思います。

　学会や全国算数授業研究会でも、教材開発に関する報告が多く、今となると懐かしい時代です。近年、算数教育の研究に取り組む若い先生たちには、教材開発するという体験も意識も少なくなってきているのはもったいないことだと考えます。数学専門ではない方が算数の背景にある数学を学ぶことにもつながるよい教師修行の場だったと思うからです。

　この時期の通信では、子どもが探してきた様々なネタのおかげで、私も同時に彼らから算数・数学における視野を広げてもらっていたのだと思うのです。

日記から探究作文へ

　私が算数的表現力に取り組んだのは、「表現するということは思考すること」だと考えているからです。これは今でも変わりません。

　誰かに伝えようとすると、人はあらためて自分の理解したことを整理しようとします。そのときに無意識に使っている言葉には、思考の方向性が表れていると考えたのです。それが「語り始めの言葉」への着目でした。

　このとき、同時に子どもたちの「発表」に対する意識改革も必要だと考えました。それまでの算数教育では長い自力解決の時間で見つけた結論を交流させるという発想が強かったので、子どもたちも発表するということは結論が出てからだという意識になっていました。これでは苦手な子どもたちが参加できません。もっと試行錯誤したこと、失敗したことも表現していいのだよと伝えたかったのです。そこで日々の日記もその試行錯誤の足跡でいいのだと伝え続けました。それが NO.30 のメッセージです。これなら子どもたちも思考過程を書くことができます。うまくいかなったことをこうして書き続け三日目にやっと正解に達した友達の日記は他の子どもにも大きな影響を与えたようです。

　こうして日記は次第に探究作文へと変わっていきました。

飛　行　船

題 ////////// 作

こんな日記が とっても good！

➡ P.110

答えが見た〜い

A、B、C、Dの四人連れで ハイキングに行った。さて、お昼になって弁当をひろげたところ、まったく同じおにぎりを、Aは七個、Bは五個、Cは四個持ってきていたが、Dは1個も持ってこなかった。そして、全部のおにぎりをいっしょにして、仲よく同数だけ食べたかわりに、Dは、おにぎり代として、百六十円を出した。おにぎりを持参した人たちはこの百六十円を、どのように分配すればよいのだろう。この考えでわたしは、最し、おにぎり一つは、十円だから、Aは七個持っているので七十円。Bは五個持っているので五十円。Cは四個持ってきたので四十円だと思いました。答えがまちがっているとお母さんがいったのでまたやり直しました。お母さんが「それなら、Cさんになりたいわ。」と言いました。わたしは、内さんがいいなぁ。と言いました。なぜかな？

　　9月19日　　木曜日
　　　もう一度ちょうせん！
上にやって答えがわからない問題にもう一度ちょうせんします。

（右段）

Cにはお金を上…

A	B	…
🍙	🍙	
🍙	🍙	
🍙	🍙	
🍙	🍙	
🍙	🍙	
🍙		
🍙		

Dに上…

ということで、A…
た。
前まで、まちがった…
金をもらっていたこ…
ていたことです…
もし、前のような…
円を、前のように…

は、今後　特…
子が チラホラ…
　自分の論を…
いうところ。そ…
りするのです…

今回の テーマ日記のピカー賞は /////くんの日記。その論理どんな文だったか、皆さんにも 想像つくでしょう。前期も子供達と、楽しい2部4年をつくっていきたいと思ってます。

ここに のせたのは /////さんの 2日分の日記です。考えることを実に 楽しんでるなぁーと感心します。こうした 日記の文には 書き手の思いが 入るので 迫力のある文に なりますね。せっかく 毎日 書く日記ですから ただ 意味もなく だらだらと 書くのではなく 自分の文を

きたえる場と したいもの。
そこで 昨日より テーマ日記なるものを 始めました。
日記の段階は、
1. 毎日 書く
2. 長く 書く
3. 1つの 内容で 書く
と 3つのステップで 指導していくことにしてますが、その 3段階に入ったのだ と 思って下さい。
第1回目は「ゆうれいは いるか」というテーマ。実に 面白い文がたくさん 登場しました。
自分なりの 論を 展開していく力

ないことにした。だって、自分でおむすびを
D 食べてしまうから。
答えが出た!
まず、3に4とやって、Dに上げるよ
むすびの数が出ます。
それを、160でわります。
160÷4=40ということです。
Aは、3こDに上げるので40×3=120
Bは1こDに上げるので40×1=40
は120円。Bは40円。Cは0円となりまし
わけは、Cは何もDに上げていないのに、お
と、おにぎり一つを10円だとかってにきめつけ
算だとDが、全部おむすび をきゃくに、百円
つけていると思います。(/////////)

に 大切なものと なると 考えていますが、その力も かなり 高度と思える
います。 この日記だけでも 国語の 作文力の 評価も できそう…(冗談です)
おし進めていくことの うまい子の 共通した点は 情報を 多くもっていると
れは 自分で よんだ本から だったり、テレビ、新聞、友だちとの話 からだった
が、ともかく 雑学に 富んでいる子は こういう時に 強いようですね。
的な 展開は さすがです。 あの 朝ねぎ新聞の 編集長 ですから。
と 一週間で 終わり。 後期は また一段と 面白い 企画を 作って

紙面の都合により 歴史シリーズは お休み。次号のテーマは「なぜ 一週間は日月火水木金土 なのる」 これには 面白い 秘密が ありました。乞ご期待!

飛行船

日記は さらに 進化する!

テーマ日記に して 10日以上 すぎました。 ずいぶん 文の内容が しっかり してきました。 しかし 「もしも シリーズ」 が つづき、 あまり、自分の論を 展開して いく という 雰囲気では ありませんでした。

そこで、 少し なぞを追究していく という 雰囲気に してみました。

> ### 歯は 骨か ?

という テーマが そうです。 突然 そんな あたり前の ことを… と 思われた方も あるでしょう。 でも 調べて いくと おもしろい ことに つき当たります。

子供達と いっしょに、 考えてみて 下さい。

まちがっても 『うるさい わねー そんなこと どっちでも いいでしょう。いそがしいんだから〜』 などと いう 対応を しないように。

子供の 追究心を 育てるのは、 共に 考えこむ 周りの 大人の姿だと 思います。 ある家庭では 家族で まっ二つに 分かれて 大論争に なったとか…、 知的な 子供を 育てる 最高の 雰囲気だと 思いました。

(ちなみに しっかりと その事実を 知っている方は、 しばらく 子供達に 言わないで 下さいね。)

定かで ない方、 多いに 子供に、自分の 考えを ぶつけてみて 下さい。

10月16日(水) テーマ 歯は骨か?

ぼくは、歯は骨じゃないと思う。歯はぬけるのに、骨はぬけないからだ。もし、骨がぬけても、歯みたいには、はえてない。

でも、人間の骨のもけいというのをみると、歯もちゃんとついている。だから、どっちかわからなくなった。

そこで、「三省堂の小学国語辞典」で「歯」と「骨」を、しらべてみた。まず、歯というものは、食べ物をかむ役ちをするものだった。そして、「骨」というものは、体の中にあって体をささえているものだった。

この辞典では、「歯」と「骨」とは、ちがうものであった。でも、念のため、くもんの、国語辞典でも、調べてみた。すると、やっぱり、さっきの辞典と同じで、「歯」は「骨」では、なかった。

つまり、「歯」は、食べ物をかむもので、「骨」は、体をささえるものなので、「歯」と「骨」は、ちがうものだと思う。

テーマ「歯は、骨?」

やっぱり、骨じゃないと思う。もしも、骨だとしたら、次のような事が考えられる。①さし歯→さし骨 ②歯が骨折!? 歯は...するか、骨は自然にははえてこない。などがある。辞典でも、「骨のように かたく」...骨のように だからちがうと思う。そして、家族にも聞いてみた。最初は だれがどっちか?というのを調べてみよう。骨だと思う・・・2人 骨だと思わない・・・3人 とりあえずきいたのは、これだけど。

しかし、テーマ女が「骨は おれた場合、つけとければ、ついて、完ぜんにくっつけど、歯はくっつけても完ぜんにくっつかないじゃない?と、重大な発言をした。これで完ぜんな説ことができた!?と思ったら、両方ともカルシウムを使っている。これでどっちか わからなくなった。ナ、ナ・・・!?

左の日記は////////くんの日記です。

歯と骨の役目に着目して考えてます。

おもしろいと思いました。

何を使って調べたかをきちんと書いてます。

一文ずつが短くて、とてもスッキリしてます。

うまい書き方だと思いました。

次は////////くんの日記です。

「骨のように かたく」と辞典にでていたことから、自分なりの論をつくってます。

骨のような だから、骨じゃないと思ったそうです。

でも成分は同じだということで迷ってます。

これから 先、どうやって 調べていくのか 楽しみです。

個人面接で 次のことを 話しました。近日中に 実現します。

(1) 計算プリントの配布 → (トレーニング用 希望者のみ)

(2) 日記の公開 (親が よんでも いい日をつくる。)

※ 算数のシリーズは しばらく おあずけに なります。

飛行船

続・テーマ日記　歯は骨か？

この作文指導は 国語 でもありますが、算数などでも、自分の論を
つくり、相手に伝えていくという場面で役立つものだと考えます。
今日は、/////さんと /////くん の 日記を のせました。
歯は骨では ない という 考えの方が 少しずつ 増えてきてい

10月 16日 (水)　　　////////// さん

テーマ

歯は骨か？

私は、歯が骨だと思う。
なぜかというと、がいこつに、
歯があるからだ。 かいこつ
は、骨だけなのだから、歯が骨
でないと おかしい と思う。
　　　　　　　　　——国語のノート

もし歯が骨でないのだったら、い
ったいなになのか？
歯が おれたら、こっせつ というか？
ということでは、私は、いわない
と思う。
だって、歯は、おれる とはい
わないからだ。
かける とか ぬける という。
けれども、歯は 骨 という 理由

が あまりない の
事に した。
国語百科
ジの歯のところを
『せきつい 動物の
いる かたい骨の よ
かむのに 使う。』
た。
あれ？ かたい骨
骨のような 物？
だったら、骨では
か？
で も、まちが
ないのだから、もう
みることにした。
次に 医学百科
歯 というところ
の文に こう書い
『歯は、一見、かたい
質な 構造を持つよ
かたい骨のようで？
持つように見え？

お知らせ！ 2部4年の クラスの 歌が できました。いずれ紹介しま

102

ますが、果して 本当は、どう
なのでしょうね。
　いろいろな 資料で 調べている
ところが とっても いいと 思いました。
〔日記→作文→論文 と 進化
させていきたいと 考えてるのです。〕
ご家庭で 話題に なっていれば、
子供も 堂々と 日記を 見せてくれ
るのでは ないでしょうか？

「歯は、骨か？」
まず、一番最初に ぼくは、歯は、骨だ
と思っていた。なぜなら 固い、軽い
この二つの、じょうけんには まっってい
るからです。しかし、「久休」と言う本
で、調べてみると、次の二つの事が
分かりました。
○各骨には、「骨ずい」というところがある
○　　　骨芽細胞・破骨細胞
が働いている。
この二つが歯には欠けている。
お父さんに 聞いてみたら、「エナメ
ルそうが何やらかにやら」と、
言っていたが結局何も分から
なかった。
第一次結論…「骨ではない」
//////////くん

て、調べる

（共の）824ペー
見てみると、
口の中にはえて
うなもの。物を
と書かれてい

のような物？

ないのじゃない

ているかもしれ
少し 調べて

という本の、
見ると、最初
てあった。
骨のようで均
見える。」
？
す。

さっきの 国語百科辞典と、
同じ ことを書かれている。
　本当は、歯は骨ではないのじゃ
ないか？
　私は いろいろ調べて、だんだん
歯は骨ではないと 思うよう
になってきた
　だれかに 聞こうと思ったけ
れど、ママは、答えを知って
いた。　兄弟は、2才の妹しかい
ない。
　2才では、歯は骨か？と
聞いても、わからない
と思う。
　だから人に聞くのは（明日）行き
にいっしょに行く、ほかの
部の子に聞いてみよう
と思う。
　私は、ほかにもう一つぎ
もんを見つけた。
ふつうの骨は、見えないが、
歯は見える。
　こういうことで、私は、歯か骨
でないと思う。

飛行船

平成3年10月18日

題 ////////くん作. NO.36

算数歴史シリーズ(その2)

?なぜ曜日の順番は『日月火水木金土』なの?

え! どうして これが 算数なのかって? そういえば そうですね。でも ちょっぴり 関係あるのです。

その昔、(ギリシャ、ローマ時代)、この7つの天体が 人の運命を左右するものだと 思われていたのは、よく知られている話。

(そのころは)遠い順に『土木火日金水月』と ならんでいると 考えられていました。すると この順に あてはめていくはずなのに、今の順とは 異なります。実は(まさしく)この順番で 1日の 24時間の それぞれの時間に わりあてられていたのです。 すると 7のサイクルで 24の中に くり返されるわけですから、1日目と2日目のはじまりが 24÷7=3…3 の余り 3ずつずれていくわけです。(左図)(ちょっと わかりにくいかな…)

	1時	2時	3時	…	24時
1日	土	木	火	…	
2日	日	金	水	……	水
3日	月	土	木	……	

すると、ほら、たてに 見ると きちんと 今の順に 並び かわっているでは ありませんか。 これが 後に 日ごとの 曜日の 順番と なったというわけです。 いかが でしたか。 もちろん、これだって 諸説紛々 あるわけで、これだ! と 断言は できませんけれど…。

10月28日(月) 保谷へ じゃがイモ 堀りに 出かけます。
今の 天候が つづけば よいのですか…。(後日 詳しく 知らせます)

➡ P.111

これが 2部4年の クラス歌だ!

(曲)「走れ 正直者」

(作詞) //////////. ///////// . //////////. //////////.

(協力) ////////// //////////　　　　　(共作)

(1) 平成 3年 4月に 出会ったよ。 ♪ ♬
　　いつも 仲よく している.
　　いつでも みんな 友達さ.
　　これから いつまでも
　　ワーイ ワーイ ウキウキ 楽しいな。
　　元気な 2部4年.
　　先生も とても 明るい クラスだよ.
　　ヘーイ ヘーイ 学校で
　　ひょうばんさ ー

(2) 2部4年 は, いい 友だち ばかり
　　元気に 遊んでいる人 いっぱい
　　いつだって みんな 正直さ
　　学校中 ひょうばんさー
　　ワーイワーイ ウキウキ 楽しいな
　　元気な 2部4年
　　先生も とっても 人気な クラスだよ
　　ヘーイ ヘーイ 学校中 してるさ

ガハ...

　　※ ワーイ ワーイ ウキウキ 楽しいな
　　ハーイ ハーイ 人気者.
　　2部4年
　　とっても 明るい クラスだよ
　　ヘーイ ヘーイ 2部4年 Vサイン

ひさしぶり 飛 行 舟 分

平成3年12月12日
題字・////////作
NO. 37

今 読んでいる本！

➡ P.111

「ぼくは野球部一年生」 サトウハチロー	「となりのトトロ」 宮崎 駿
「先生のつうしんぼ」 宮川ひろ	「君たちはどう生きるか」 吉野源三郎
「猿島の七日間」 彦一彦	「真夜中を駆けぬける」 折原みと
「コンチキ号 漂流記」 ハイエルダール	「卒業の国のアリス」 中原 涼
「にんじん」 ジュール・ルナール	「ふしぎの国のナディア」 小林弘利
「宇宙人のしゅくだい」 小松左京	「星の王子さま」 サン・テグジュベリ
「黄金の城塞」 サタジット・レイ	「ドリトル先生の郵便局」 ヒュー・ロフティング
「登呂遺跡のなぞ」 たかしよいち	「がんばれ赤ちゃんラッコのラリー」 島田拓子
「宝島」 ロバート・ルイス・スチーブンソン	「北海道幽霊事件」 風見 潤
「魔術」 芥川龍之介	「月の輝き」 折原みと
「坂本竜馬」 樋口清之	「アンネの日記」 アンネ・フランク
「銀河鉄道の夜」 宮沢賢治	「校則の国のアリス」 中原涼
「魔術師のおい」 C・S・ルイス	「原宿幽霊事件」 風見潤
「まほうつかいのチョモチョモ」 手村輝夫	「消えた銀星号」 コナン・ドイル
「わしょんべんものがたり」 椋鳩十	「ブンとフン」 井上ひさし
「長い長いお医者さんの話」 K・チャペック	「マッチ棒パズル」 野口恭
「大どろぼうホッツェンプロッツ 三たびあらわれる」 プロイスラー	「思い出のマーニー」 J・ロビンソン
「ファーブル昆虫記」 ファーブル	「竜馬がゆく」 司馬遼太郎

読書好きな子に なってほしいと思います。

「今、読んでいる本は何ですか」とさかれて、○○ですと すぐに答えられる子になってほしいのです。

つまり、いつも本に親しんでいる子であるということです。

そして、子供達には、それをいつも、もち歩け といってあります。

学校でも、家でも 続けて 読める ということが 大切です。

そして、読みつづけるに 値するだけの「本」を 見つけて欲しいと 思うのです。

まずは、その一歩。活字の大きいもの、さし絵の多いもの、学習マンガ から 脱けだせない子。いろいろですが、次の二歩目に 期待して まずは よし としましょう。

//////「水滸伝」 施 耐庵
//////「マリンに逢いたい」野沢尚
//////「天使の降る夜」折原みと

```
2部4年 お楽しみ 忘年会   メイン イベントは
                        ケーキの デコレーション大会
```

本当は スポンジ から 焼かせると いいのですが、オーブンを たくさん使うとヒューズが とんでしまうよと いわれて、デコレーションの 部分だけをやることにしました。

どんな ケーキになるか 多少 不安ですが、見守っていこうと思います。

材料の調達、グループの 計画 などは、班によって 様々ですが、予算を使いすぎたり、無理をしないように、それとなく 子供達の 様子を見ていて 下さい。

飛　行　船

平成3年12月21日
題字 ////////// 作
NO. 38

→P.112 1991年も 無事終わりました。 みんな よく がんばったね！

私が 筑波に 来て 8ヶ月に なります。

まだ 8ヶ月ですが、 すっかり 身も心も 筑波に そまりきって しまいました。 新米教師（？）の 私に 子供達は 大変 よく ついてきて くれました。 子供達にも 一年間を ふり返って 自分の 十大ニュース を書かせて みましたので 私も この 8ヶ月を ふり返って クラスのこと を 見つめなおして 書いて みます。（十大ニュースとまでは いきませんが…）

（男子と女子の仲が とても よくなった。）

これは、 専科の先生からも、 よく ほめられます。 2部の雰囲気 は とても あたたかくて いいね。と。（男子が やさしいのかな〜。）

（何にでも 一生懸命 とりくんで いた。）

新聞係を 例に とっても よく わかります。 実に たくさん発行 してました。 いろいろな係が、 よく 工夫して とりくんでました。 すばらしいと 思います。

（百人一首を がんばって覚えた。 1〜50首）

50首まで で とりあえず 打ち切った 百人一首。 お正月は ひさしぶりに とりくんで みると いいと 思います。
古典にも 数理にも 興味を もってくれると いいなあ…。

冬休みは 家族の一員としての 自覚を もたせる よい 機会です。
お手伝いを しっかり させましょう！

考える力がぐ～んと伸びた。

　算数の時間は　みんな　本当に　燃えました。　たくさん　考えました。
少～し　むつかしいかな　という　問題も　どんどん　解決していきまし
た。最後の　直方体の　学習では　とうとう　先生の上を　いく人まで　あら
われました。さすがです。(基本技能の計算力と　漢字力も　まずまずかな)

恥ずかしがらずに　堂々と　行動できるようになった。

　今、やってる　ダンスづくり。最初は　どうなる　ことかと　思ってましたが
まかせて　おけば　なかなか　やるもんです。最近では　みてる友達
から「お～！　かっこいい」の　声まで　きこえてきます。台本も　すべて自
分達で　つくってます。ゴールは「6年生を送る会での発表」ですが
私の目的は　協力心・企画力・行動力　を育てることに　あり
ます。できあがった　ものが　どうであれ、その過程で　がんばる姿
が　大切　なんです。

冬休みには…。　用紙　1枚！研究レポート

| 算数に関する　自分の　研究を　5mm原紙一枚に　まとめること |

　(ワープロ使用も可。原紙を使う時は　5mm角に　1字を原則とする)
・図や絵も　入れて　自分の　考えを　わかりやすく書く。

[テーマ　自由]　　　提出〆切　1月11日のみ(それ以降はうけとりません。)
　＊算数に関する自分の　疑問を　追究していく。

例　立方体の展開図は　11種類だった。直方体の展開図は一体
何種類あるのだろう。これを、立方体の展開図との関係から
予測していく。(直方体の展開図を全部　かきとうというのでは　ないよ。)

あまり、大人の力を　かりないで　自分の力で　まとめあげてみて下さい。
レポート形式は　はじめて　ですので　下手でも　あたり前。気軽にね！
では　みなさん、よい　お年を！　来年も　よろしく　お願いします！

日記指導の三段階

　私はこの頃から、次の三つのステップを子どもたちの日記指導には意識していました。

　一つ目は、ともかく「書く頻度を増やす」ことです。継続は力なりという言葉が当時は流行っていましたけど、「書く力」を身に付けるにはまずは書くことに慣れさせないとだめだと思ったからです。

　この段階のときは内容よりも継続に視点をもって接していました。書くことが苦手な子には一行日記をさせてみたり、「授業づくりネットワーク」という雑誌で見つけた「見たこと作文」の追試をしてみたり、ともかく子どもたちが気軽に書ける活動をたくさん取り入れていました。

　見たこと作文では家に帰って兄弟や親のしていることを観察しながら詳しく書きます。もちろん、こうした取り組みのときは、一度授業で体験させてから取り組ませていました。

　（例）教室で先生が部屋に入ってきて号令をかけるまでの様子を観察してできるだけ詳しく書くことを遊びのようにして体験させてみる など…

　二つ目は、「いつもより少しだけ長く書く」という体験をさせること。

　こちらについては、子どもたちに材料をあげれば案外早く実現できました。よく考えると遠足の翌日などは作文の苦手な子どもでも長い日記を書いてますからね。要するに材料があればいいということです。

　三つ目は、「一つの内容で書く」という経験を増やすこと。長く作文が書けても遠足をただ時系列に描写していくだけで文の量を増やすのではなく、じっくりと一つの内容で考えながら書くことも体験させたいと思うからです。

　しかし、これらの段階に進むには、やはり書くことが楽しくないと子どもたちは取り組んでくれません。

　だから、時には私の方からテーマを与えてみる日も作りました。

　その一つが「ゆうれいはいるか」なんてテーマです。こうしたタイトルだと苦手な子どもたちも遊び心で取り組んでくれました。

　子どもの興味に合わせて変えられるように複数のテーマを示して選ばせたりしたこともあります。こうした体験をしていく中で、私が与えた複数のテーマに付け加え、自分のテーマを選んでよいようにしていくことで、次第に自分なりのテーマも探してくるようになりました。

　NO.34にある「歯は骨か」というテーマでは、多くの子が理科の学びも兼ねて探究してました。この実践も当時の教育雑誌から見つけたものです。今の

ように何でもすぐにネットで調べれば出てくる時代ではなかったので、子ども
たちがたくさん文献を調べたり、自分の経験から判断したりという時間がつく
れました。こうして子どもの日記のレベルがどんどん上がっていったのをこの
時期、記憶しています。

　このクラスでは、国語も私が担当していたので、積極的にこうした取り組み
を続けていました（晩年、私の国語の方が面白い……なんて言ってくれる子ど
ももいましたけどね……。これは内緒ですけど…（笑））

　彼らの日記をよく読むと、理科の学習のようですが、実は調べている過程で、
国語の読解力もちゃんと磨かれているのがわかります。歯は「骨のようなも
の」というような文章にこだわっていたり、歯と骨の違いを整理してみたり。
調べる方法も様々です。拠り所にするものも辞書だったり、時には年上の兄弟
にもインタビューしたりと彼らなりの調べ学習の進め方が見えて楽しいもので
した。

クラスの歌を勝手に作ったよ（笑）

　こんな日々の合間にも、ちゃんと自分たちなりの時間を作っていることがわ
かる日記がありました。それが友達とクラスの歌を作ったよという報告の日記。
かわいいなあと思いました。日記を提出するときに、私のところにやってきた
女子がみんなで歌った後で、きょとんとしている私に「日記読んだらわかるか
らね」と走り去った姿は今でもよく覚えています。

「今、読んでいる本は？」と尋ねられて……

　このような日々を過ごしているうちに、子どもたちがたくさんの文献に親し
んでいることが見えてきました。そこであるとき、子どもたちに「今、読んで
いる本は何ですか」と尋ねてみました。

　実にバラエティに富んでいたことと、友達がこうして日々読書を楽しんでい
ることを知ると、普段あまり本を読まない子も刺激されるかなと思って通信に
掲載してみました。尋ねた後であわてて図書館に本を探しに行った子どももい
たようですが、それでもいいのです。

　ある先輩で、低学年のときに「今、読んでいる本は？」と聞かれたらぱっと
すぐに取り出せるようにしておくことを子どもたちに課していたという方もい
ました。特に低学年は、課題に取り組む時間に差が出てしまって退屈になった
ときには、この本を待ち時間に読んでいいというようにしていたという話も聞
きました。使い方によっては集中力が途切れてしまうから注意も必要ですが、
漢字や計算ドリルなど終わった後で退屈にしている子たちのための手立てとし
ては使えなくはないと思いました。

子どもたちの忘年会？　企画

　このクラスのときは、何かしら節目ごとに楽しい会を計画していました。大人だって一年間の節目を忘年会として楽しんでいるのだし、子ども版があってもいいではないかと……。今思えば、授業時数などどうだったのでしょうね。冷や汗ものです。ただ当時のカリキュラムは、学校ごとの特徴を出すための時間を日課表の中で位置づけて弾力的な運営をある程度任されていましたから、今よりもやりやすかったのは覚えています。夏休み前、忘年会、そして学年最後のお楽しみ会と年間三回楽しませてもらってました。

1991年の子どもたちの成長を振り返る

　この日の通信（NO.38）には、自分に対する評価の意味もこめて書いています。当時から目指していたのは、男女の仲がよいクラスづくり。これはしっかり実現できていたと思います。

　続いて、係にみる自治活動を推進すること。文化的な取り組みの一つとして百人一首に取り組んだこと。ここにも私なりのささやかな抵抗があります。それは専科制の学校に赴任してきて、自分は算数だけの教師だと思われたくないという意識、また当時から運動会など体育的な行事への取り組みの激しさが強調されていたので、文化的な取り組みもしているよというメッセージ。

　そしてこだわり続けていた日記から探究日記への成長。

　さらには子どもたちの表現力の育成。日々の取り組みで思考力を育てること、さらに知的な好奇心を持ち、取り組むテーマも自分で選べるようになってほしいという願いがこの通信における振り返りにはこめられていると思いました。

　そしてこのとき、冬休みのテーマレポートを課しているのですけど、ここに例としてあげていたのが、私の実践としては既に伝説になっている「直方体の展開図」探しの実践の糸口になる持ち掛け。

　でも、このときは私は教育書に書かれていた直方体の展開図66通りを正しいと思ってこの課題を出しているのです。この後、一人の子どもの追究によってそれが間違いであることを知らされることになるとは夢にも思っていませんでした。ここでは、詳しくは紹介できませんが、これについては拙著『算数的表現力を育てる授業』（東洋館出版社）で詳しく報告しています。

激減する発行数とその言い訳(^-^;)

　さて、ご覧になってわかるように、夏休み明けから私の通信の発行数が激減していきます。ここで言い訳しておきます（笑）

　整理すると9月は6号、10〜12月で6号とそれでも何とか頑張ってましたが、ここで前期休みに入り（筑波小は昔から二期制なので）、11月からはぱたっと止まります。

　それは、初めての体験がこの11月に集中したからです。その一つが入学試験の係。数千人を超える受験生のある筑波大学附属小学校なので、書類の整理一つをとっても事務の方だけではとても間に合わないので、新人の先生たちはそのお手伝いをしていました。今では、大学の事務の方も、さらにはベテランの先生も平等に分担していますし、何より入試の期間も短くなり手続きも簡素化されましたが、当時は本当に大変でした。

　さらに私は、これまた4000人を超える2月の研究会参加者の申し込みや名簿を管理するお仕事も任されて、てんてこ舞いでした。とどめはこの時期に行事で見せる劇公開の番になったのです。当時から劇づくりなどは、自分で台本も作り、できるだけ子どもたちらしさが発揮できるものを子どもたちと一緒に作るということをしてたので、それはそれは時間がかかりました。

　ダンスを劇に取り入れたのも筑波では私が最初だったと思います。それまでは学習発表ではないとだめだという暗黙のルールがあったので。特にマイケル・ジャクソンの「スリラー」をアレンジして取り入れたことは、伝統を重んじる古株の先生からはかなりお叱りを受けたものです。

　それでも私はこれまでの先輩がしなかったことをやってみようと思ったので最後まで私流にやりました。多くの重鎮たちが苦々しく見ている中で、有田和正先生と同学年の田中力先生、そして算数の坪田先生の3人だけはその新鮮さを褒めてくれました。そしてなんと翌年の研究発表会の児童発表の代表クラスに抜擢してくれたのです。今となっては劇に燃える田中博史のスタートの年でした。

飛行舟 新年号 平成4年 1月13日 題字 NO. 39

新年のスタート！ 今年もがんばろう！

　長い（他校にくらべれば）冬休みも 終わり、いよいよ新学期がスタートしました。子供達の生活のリズムは、もとどおりになっているでしょうか。はやく たてなおさないと、学習の効率も悪くなってしまいます。

　朝、起きるのが つらかったよ〜 という声が半数以上。（実は、私も 同じですが…）

　今週一週間は、生活リズムの立て直しが目標といったところでしょうか。

　さあ、気分一新。 今年も がんばりましょう！

学級レンタルビデオコーナー 新設！
➡️P.122

　子ども達は、学校で 一体、どんな事をしているの？と気がかりな方も多いはず。そこで、私が 時々 ちょっとした子供達の活動の様子を ビデオにとり 学級文庫に おくことにしました。どうぞ 茶の間の 話題づくりに 活用して下さい。

　ただし OPEN したばかりで 現在のところ、昨年の お楽しみ会記録（約20分）の1本のみ。そのうち増やします。

冬休みの 課題は 力作 ぞろい！

正直、言って びっくりしてます。

ここまで やるとは 思っていませんでした。5mm方眼を一文字とするという約束を やや感ちがいして すきまなく びっしりとがんばって 書いた子（たくさん）いました。（読みやすく する工夫をするようにと 何度も 念を おしたのですが……）（すごいでしょう？）それでも 一本一本 目を通していくと その「すごさ」に ただ、ただ びっくりするばかりです。

間違っているものも たくさん ありますが、授業の中で あきらかにしていけるものは 少しずつ 授業で 取り扱って いきたいと思います。

この論文は『第一回 算数研究論文』として、全員に 印刷配布するつもりでいます。（カラー版、字がうすいもの は 少々 読みづらいかも しれませんが……。）

子供達の がんばり具合を とくと ご覧下さい。

今年の 目標 (2部4年 39名 にのぞむこと)
  1. 百人一首、1〜50音 を 再度 挑戦。（今回は完全に おぼえること！）
  2. 算数研究論文 第2弾にむけて 材料さがしをする。！（習は 3月）
    （日記も そのための 準備に 使うと よいかもね。）
  3. 6年生を送る会 の 出し物 を 自分たちの手で つくりあげる。！

これが 私が 考えている 3月までの 目標です。
  もちろん 個々の目標は それぞれで きちんと 決めましょう！

飛　行　舩

毎朝 走ろう！ 寒さに 負けるな！

占春園マラソンで 合計 42,195km を 走ってみようと もちかけた。1月21日現在で 完走したのは 次の 8人

[1位 /////くん /////くん　3位 /////くん 4位 /////くん、/////くん
/////くん　7位 /////くん、/////くん]

拍手を 送ります。10人に なったら、ふたたび 0から 始めると 宣言してますが、こういうことにも 燃えて とりくむ子と しらけ子と いろいろです。女子も もう ひとがんばりして 欲しいのですが。次回は どうでしょうね？

四文字熟語で 目あてを つくりました！

四つの漢字を つかって 自分の目あてが わかるように 工夫しようと もちかけました。既にある 四文字熟語ではなく オリジナルな もので つくるのです。
一部を 紹介してみますと…。

「無怒全笑」（//////////）← これが一番うまい。秀作でした！

「丸字改正」（/////////）← わかりやすくて いいですね

「年中算数」（//////////）← 頭がいたくなりそうですが 期待したいところですね

といった 具合です。

2部 4年 クラス ストーリーで 全員 作家になる！

　クラス日記も マンネリ化の 傾向になってきましたので ちょっと 方向を変えてみました。クラス日記の 要領で ストーリーを作ろうというのです。男子編、女子編と できます。さて どんな 力作が 完成するか。のんびり 待ちたいと 思います。

　こうして、学級文庫に ユー4 オリジナルなものを 増やしていくのです。現在、旧クラス日記 A、B（3冊合体）が 2冊、クラスビデオ1本 といった 調子です。

➡P.123

ス部4年 劇 「タイトル未定」 少しずつ 前進してます。

　劇＋創作ダンスで、冒険物語をつくってます。ゴールは 6年生を送る 子ども会ですが、私の目的は 別にあります。子供たちに『すべてを 創らせていきたい』グループでもめながら『協力態勢を つくりたい』『度胸をつけたい』『はっきりと 意見の 言える子を つくりたい』『リーダーシップを 育てたい』『フォロアーシップを 育てたい』など、すべての 学級経営の 目的を この 劇づくりの 中で 達成していきたいのです。

　だから、完成したものが どうであれ、今の 子供達の 工夫をこらしている態度、楽しんで 踊りをつくっているところを すばらしいと 思うのです。

　さて この様子も 近々 ビデオに とろうかな。題して…
『Making of ス-4ドラマ「タイトル未定」』
　でも 大げさな ミュージカルなどを 想像しないで 下さい。
　子供らしい 劇に ちょっと ダンスが 入った… その程度ですからね。

飛行船

学力テストについての一考察

　テストをやる. と言うと. 変にぎくしゃくしてしまうのが. 私は きらいです。これは. テストの結果を. 得点という表現だけで見てしまうからなのです。テストは 健康診断と同じなのだということを先日. 子供たちに話しました。

　できないところ、間違って理解しているところを見つけ. 正しく理解（できるように）するための材料づくりを しているに すぎないのです。

　そういう観点から. このテストの 結果を ご覧いただきたいと思うのです。

　結果は 保護者面談の際 お知らせします。お楽しみに…

　算数研究論文集① を印刷してます。私の方が. スケジュール多忙なため. 製本が 遅れてますが. これから6年まで こうした 論文集を 発刊 しつづけていこうと思います。

　ひき続き 第2集のためのレポートを 課題としてます。3月20日を〆切とします。

（参考跡）[1]
2-4算数研究論文集①

　テーマは 子供に 任せてあります。

　あまり 親の力を 入れない よう ご協力下さい。（子供らしいので いいのです！）

まとめておいて下さい。一巻千五〇〇円ぐらいかかります。

いずれ詳しく…

➡P.124

6年生を送る会のリハーサルをご覧下さい。

期日　3月　3日　（火）　講堂にて

時間　第6校時　（約20分程度）
　　　　　　（14：30〜）

終了後．児童は居残り運動その間，簡単な学級懇談会を
　　　　　　　　　　　　　　　　　（30分ぐらい）
おこなう予定です。

　少しずつ　完成に　近づいてます。最初は　どうなることかと
見守っていましたが　今は　ぐ〜んと　よくなって　ひと安心という
（ハラハラして）
ところです。　今，みんなで　協力して　作っている　小道具や　ステージ
バック…。　なかなか　力作　なのです。

　火曜日の　段階を　とりあえず　ゴール　だと思って　とりくめば
失敗しても　残り3日ありますので　何とか　なると思うのです。

　わずか　14〜5分の　ドラマですが　子ども達の　苦労の結
晶です。　ゆっくり　ご覧下さい。（当日　忙しくて　これな
い方のために　ビデオも　用意しておきます。）

2部4年　紹介ビデオをつくろうよ！🎀

好評の　クラスレンタルビデオ。ところが　「先生，うちのお母さん
ねェ，この子　だあれ　なんて　いつも　きいてくるんだよ。クラスの子の顔
ぜんぜん知らないんだって」という声。　それを　きいてた　他の子が
「紹介ビデオも　つくろうよ！」という　アイデア。レンタルビデオ
の第3弾は　これに　なりそうです。
(注)ビデオは　ただ今のところ　VHSの方のみです。8ミリの方，ごめんなさい。

飛行船　No.42

一年間 お疲れ様 でした！
本当に よく がんばったね

　本校に 着任してからの この一年間は、ほんとうに あっと言う間に 過ぎてしまった…というのが 今の実感です。

　本校において 経験するもは何もかもが、初めての 私に、子ども達は 親切に接 してくれて、逆にカバーしてもらっていた面も 多々ありました。

　やさしく 素直な 39名に 感謝してます。

　今日、終業式を 終え、第4学年の ピリオドを 打ちました。

　そして これは同時に 5年への 心構えで 動き出す そのスタートの 日でも あるわけです。

　新生 2部5年は どんな クラスに なるのでしょうね。楽しみです！

＠本日、来年度担任の 発表が ありました。来年度も、私とまた おつきあいして いただくことが 正式に 決まりました。よろしく お願いします。（だれですか、いやな顔をしてるのは？）

　他学年で 少し 変動が ありましたが（4-6//////→//////)あとは もちあがりです。

お詫び

途中から パッタリと 飛行船が 飛ばなくなってしまいました。日々、子ども達の日記を 見てやるのが 勢いっぱいの状態です。(算数は特に 多忙の 一年間でした。)

情けない 話です。タイトル文字も 全員分を のせることが できないという 有り様…。(残りは 5年で使います。)

文で 学校生活の 様子が 伝えられなくなってしまったので『ビデオで』ということを 考えたわけです。(どうぞ、これで 勘弁して 下さい。)

※ NO.1 '91 12月 お楽しみ会
　 NO.2 MAKING OF 「無人島の秘宝」
新刊. NO.3 「無人島の秘宝」(本番・練習含む) その他 日常生活.

この「無人島の秘宝」は、好評につき <u>来年度 6月の 研究会での 児童発表</u> に 選ばれました！

みんなの 努力の 成果が 認められたわけです！

でも大変です～

算数研究論文 第2弾が 集まりました。
第1弾より ぐ～んと 力強く なってます。
製本は 5年に なってからに なります。

染考跡

日記の製本は 4年の日記を すべて まとめるために 4月8日以降に 集めることに しました。
希望者のみです。(念のため。)
冊数が まだ 少ない人は 5年終了時に まとめても いいですよ。

学級通信発行が滞った……ならば……

（1）学級ビデオレンタルの開始

　算数の授業風景、学級会での話し合いの光景、休み時間、さらには給食の様子、掃除の時間、お楽しみ会などと様々な学校の様子を小刻みに撮影しておいて、そのまま学級文庫に貸し出し用として置いてみました。

　これが当時はとても好評でした。子どもによっては夕食のときにこれを流しながら、自分の仲のいい友達はこの人だよ、なんて紹介していたようです。筑波小の子どもたちは東京23区から通ってきますので、地域性がありません。休日に近所の公園で友達と気軽に遊ぶというような時間があまりないのです。保護者同士もなかなか交流の時間がないので、参観日や運動会ぐらいでしか、我が子の友達の様子はわからなかったようです。

　ある意味このビデオは、文字による通信ではなく、映像による通信とでも言えるでしょうか。

　私は特に編集はしていませんでしたが、子どもたちが嫌がるだろうなと思う光景は撮影のときから外していました。また借りる子どもたちにも事前にわかるように、給食の時間などに、そのビデオを見せておきました。だから子どももこのビデオはまずいぞと思ったら借りないわけです（笑）

　それにしてもVHSとか8ミリだとか、時代を感じますね。

　通信（NO.41）にあるように、次第にビデオづくりにも子どもたちも参加してきて、友達紹介を互いにし合うなんて企画も生まれ始めました。

　そして、このクラスの子たちが5年生、6年生になったときに、総合活動の時間に映画づくりをすることにもつながっていきました。

（2）学級文庫にクラスリレー日記

　長く続けていたクラス日記も整理して学級文庫に置いてみました。他の友達がどんなことを書いていたのか、自分が終わった後でどんな交流があったのかを見たがっていましたので、これも好評でした。これがいずれ教室に置いたワープロやパソコンでの交流サイトに成長していきます。

　こうして振り返ってみると、ビデオづくりもクラス日記も、今の時代のLINEやYouTubeと求めていること、その源となる発想は同じだと思いました。

　保護者の方に子どもたちの様子を届ける方法は、文字の通信にだけ頼るのではなく多様な方法ができるということです。

　さらに、その発信も教師だけが背負うのではなく、子どもたちからも行うというのは、子どもたちの自己実現の過程を表現する活動にもなります。

今の時代ならば、その発信方法はさらに多様に考えることができると思います。

ただし、気を付けないといけないのは、アナログの時代の発信は失敗しても気軽に修正できましたが、ネット社会の今では細かな配慮をして行わないと取り返しのつかないことになります。個人情報保護法や様々なコンプライアンスの遵守を求められる今の時代には、また別の配慮や注意も必要です。

子どもたちと作った劇「無人島の秘宝」

この劇（NO.40）のタイトルも子どもたちと１時間ぐらいかけて話し合って決めました。

台本は私が作りましたが、台詞の言い回しやダンスづくりはすべて子どもたちが行いました。当時はまだまだダンスを踊るというのが子どもの中には照れてしまう子もたくさんいたので、私はまずは休み時間などにダンスビデオを流しておいて、子どもの様子を見ました。使ったのは、マイケル・ジャクソンの「スリラー」でした。すぐに何人かの子どもが真似をして踊り始めました。二、三日かけていたら、数人の女子がビデオを貸してほしいと言うので貸し出しました。どうやら友達と集まってダンスのコピーを始めたようです。こうしていつの間にか昼休みは大勢の子どもが机を教室の後ろに下げて踊り始めました。

このブームはそのまま続いて、私のクラスの子どもたちは学園祭でも「ジュリアナ筑波」という縁日を企画し、男子は黒服を着て女子はお立ち台でセンスを振って踊るという当時のディスコを再現したイベントに取り組んでいました。

これにもお年寄りの先生たちは苦虫を噛み潰してましたけど……（笑）

でも、このままではダンスはまったく物真似だけになってしまうので、ベースは活かしてもいいが、グループによって変化させてみることにしました。

劇の中には、無人島にある宝物を奪い合う探検隊と海賊の戦いが出てきますので、探検隊バージョンのダンスと海賊のダンスというように変わっていきます。これを劇の中での戦いのシーンに使いました。３月の劇発表に向けて私はこうして仕掛けを12月から行って、子どもたちが自分たちで作ったと思えるように、演出していきました。自分たちの作ったオリジナルのダンスを見てもらいたいというように仕向けていかないと、子どもたちが活き活きしないので。これは問いを大切にする授業づくりとまったく同じだと思うのです。

劇の最後に、宝箱を両方のチームが見つけて開けるシーンがあります。私はこの宝箱にも仕掛けをしました。それは宝箱を開けると少し小さな宝箱が、それをまた開けるとさらに小さな宝箱が……。マトリョーシカのようになっています。そして最後の小さな宝箱を開けると、巻物が出てきます。

そこには……。探検隊と海賊が一緒に巻物を読んでいるシーンに天の声が流れます。「ははは。宝とはねえ、一つずつの宝箱を開けていたときに感じた君たちのその『楽しみ』にする心自体なんだよ」と。こうしてエンディングのラストダンスに入るという流れです。この劇は、翌年の筑波大学附属小学校の公開研究会の児童発表に選ばれました。

算数研究論文集「楽考跡」の誕生

　私が筑波小に赴任して子どもたちと活動するときに、いろいろな造語を作ってました。その一つが、この「楽考跡」（らっこうせき）。文字通り、楽しく考えた足跡を残そうという意味です。当時は、子どもたちにたくさんの算数レポートづくりに挑戦させていましたが、そのタイトルにしたものです。

　塵劫記という算数の古い本がありますが、昔の人もこうした考えることをたくさん楽しんでいたのだということを、子どもたちに繰り返し伝えていましたので、タイトルの漢字も国語の先生に相談して古い書体を教えてもらったりして作ってました。

　次の世代では、輝いた跡を残すということで軌跡、奇跡につなげて「輝跡」なんて造語も流行らせました。ちなみに、授業に力をつけて「授業力」という言葉を使ったのも私が算数授業研究会の場で提案した言葉です。ただ、こちらはそれが初めてなのかどうかは定かではありません（笑）

　他にも授業をこよなく愛する人を「授業人」（じゅぎょうじん）と読んで広げたのは私ですし、それをそのまま活かして自分の塾の名前にもしました。

　ただしこちらは「授業・人」塾と書いて、じゅぎょう・ひとじゅくと読みます。何か新しい試みをするときに、自分の気持ちをリセットする意味でこうした言葉づくりを楽しんでいたのを記憶しています。

初めての三年間の持ち上がり制度を体験して

　このクラスでの三年間は、私にとっては初めてだらけのことがたくさんありました。専科制の体験もその一つでしたが、何より三年間の持ち上がりが約束されていることは新鮮でしたし、責任の重さも感じていました。

　山口県時代も山間部の学校では単学級だったのでクラス替えがないこともあって、必然的に持ち上がりになるということは経験してましたけど、それは次年度になるまでは定かではなかったし、逆に持ち上がらせてもらえたらその前の一年間を評価してもらってのことだと思うから自信にもなっていました。

　でも、筑波小の持ち上がり制度はそうではないのです。まだ海のものとも山のものともわからない私に、この大切な39名の子どもたちを預けるのですから……。いろいろな意味でひたすらに猪突猛進し続けたスタートの一年間だったと記憶しています。私につきあってくれた子どもたちとたくさんサポートしてくださった当時の保護者の寛容さに今となってはただただ感謝するのみです。

　では、次ページからは、私の別の世代での学級開きの様子について紹介してみます。少し筑波生活にも慣れてきたころの私です。相変わらず同じことをしている私、いや一見同じに見えても仕掛けを変えているところ、さらには新しい試みに挑む私をご覧いただけたらと思います。

「3部4年」バージョン

「輝跡」

せっかくですから、違う年度の4年生の様子もご覧ください！

トラブルの数だけ子どもは育つ

　この通信は、筑波小に赴任して15年たったときのクラスの通信です。

　15年もたつと、筑波小でもベテランの域に入ってきます。初代のときはクラス替えでも新人の先生のクラスだからと、たぶん配慮されていたと思うのですが、二代目、三代目となるとそうはいきません。私のクラスには、低学年時代にいろいろとトラブルを抱えていた子どもたちも集められるようになってきます（といっても、実はとてもかわいいんですけどね）。

　やはり想像通りの事件がすぐに起きます。周囲の先生はこんな状況を見ては同情の眼差しで私を見ますが、私は実はそれは逆だと思っていました。

　トラブルが目に見えるということは、その数だけ早く成長するきっかけもあるということだと考えていたからです。

　そして案外、すぐにトラブルを起こす子どもたちは先にも言いましたが実はかわいいのです。彼らは時として正直すぎたり、伝え方が下手だったりするだけで、他の子たちが見て見ぬふりをするような場面でもすぐに関わろうとしてきます。だから実は正義感が強かったりする子も多いのです。

　そして、その子たちのおかげで見えなかったクラスの本当の姿が表に出てきやすくなっているというよい点もあるのです。だから私はトラブルが起きるたびに、しめたと逆ににこにこしていました。

　もちろん、子どもたちを叱るときは毅然として対応はしますが、まだ成長途中の彼らとの日々は、そういうものだと思って見守っているとゆとりも生まれます。管理職時代も同様に構えていたら、私のそばに座っていた教務主任があるとき、私に不思議そうに尋ねました。

　「どうしてこんなに憂鬱なことが続いて起きているのに、いつも笑っていられるんですか」と。私はそのときもいつもと同じように答えていました。

　大丈夫。トラブルの数だけ早く成長するからと……。大人も子どももそれは同じと。

4月 輝跡

［1］

　はじめまして　担任の田中博史（たなかひろし）です。

　筑波大学附属小学校における教育活動の後半３年間を担当することとなりました。

　何卒よろしくお願いいたします。

　大切なお子様を預かります。可能性をたくさん秘めた４０人の子どもたちです。身が引き締まる想いです。彼らを思いっきり輝かせることができたらいいなと思っています。

　３年間の「輝いた足跡」がこの通信に埋め尽くせるように私もがんばります。

［2］

　小学校生活前半の３年間を担当した、臼井、加藤、高倉の三人の先生方の愛情を全身に浴び本日まで育まれてきたこの子どもたち。本日確かに受け継ぎました。

　前担任のようには、すぐにはなれないと思いますが、私なりに全力で子どもたちを愛していくつもりです。微力な担任です。支えてください。

　では、あらためて　自己紹介。

　氏名＞　　田中博史（たなか・ひろし）

　愛称＞　　ひろせん

（初代の子どもたちは「たなひろ」、三代目から「ひろせん」とよばれています。）

　年齢＞　　４？歳　　　この学年ではＳ主任についで年をとってます。

　本校経験年数＞　　１５年

（これまでに担任学年を　４〜６年、１〜３年、４〜６年、４〜６年、１〜３年と５クラスやってきました。このクラスが私の筑波六代目の子どもたちになります。ちなみに初代の子どもたちは今、２４歳。彼らとは、今でも交流があります。昨年、その中の一人が結婚しました。）

　出身＞　　山口県

　専門＞　　算数・数学教育　　コンピューター　　　＆　　現在本校英語担当　　　➡P.132

　特技・趣味＞　　空手道　スキー

　家族構成＞　　妻１人　子ども　◆人　愛犬１人？

　とまあ、こんなところです。

　いろいろなところで、うっかりミスを連発する担任です。どうぞ、温か〜い眼差しで末永く見てやってください。でも噛めば噛むほど味が出ますから……。

［3］

　明日の連絡

　明日は始業式と入学式があります。

　日程は次のようになります。

　　　　着任式・始業式　　通常登校です。

　　　　その後　入学式　　下校は１１：３０の予定

　制服で過ごしますので体操服は必要ありません。持ってくるものは　連絡帳と筆記用具だけです。

[４]

　来週から、本格的にスタートしますが、お世話になる専科の先生を紹介します。

　国語　二瓶先生　　ご存知人気ナンバーワンの国語の先生。愛称は「にへいちゃん」

　社会　長谷川先生　ベテランの社会科の先生。本校研究推進の委員長。

　理科　佐々木先生　本校２年目のフレッシュマン。ユニークな授業をする楽しい先生。

　音楽　塚本先生　　講師の先生ですが、ベテランです。元３部は３年間お世話になりました。
実は私のクラスの三代目の子どもたちも塚本先生に教わり大好きでした。

　図工　西村先生　　大人気の図工のフレッシュマン。アウトドア好きな先生です。

　体育　清水先生　　元気のいい若手体育教師。彼は実は学生時代から本校の講師をやっていた経
験を持ちます。

　といった面々で、これから大切なお子様の教育にあたっていきます。

　専科の先生のことも、どうぞよろしくお願いします。

[５]

　何でもそうですが、人間は慣れた環境がやはり一番いいものです。

　だからクラス替えのような大きな変化があると子どもたちも戸惑います。疲れます。

　担任の私に慣れるのもその一つ。そして専科の先生たちに慣れるのも、友達関係づくりもしば
らくは時間がかかるでしょう。この間は気苦労も多いことでしょう。きっと子どもたちは、どっ
と疲れて帰ります。でも、これはよい練習なのです。新しい環境に入ったときに、わが子にはど
れだけ順応能力があるのか、ゆっくりと見守ってあげてください。

　よく考えたら、公立学校ならば毎年経験するクラス替え。本校の場合は、在校中にこのたった
一回だけの経験。言いかえると筑波の子は環境変化による人間関係づくりを学ぶチャンスはここ
にしかないといってもいいぐらい。

　せっかくですから、子どもたちが新しい環境で、友達づくりをするとき、どのようなトラブル
に出会うのか、そしてそれをどのように乗り越えていく力があるのか、共に見守りましょう。決
してあせらないことです。

　トラブルの数だけ、子どもは成長します。トラブルの際に親が口を出し解決してしまったらそ
の分だけ、子どもの成長は遅れます。どうぞ、この大切な時間を大きな目で見守ってあげてくだ
さい。もちろん私も目を離さずこの過程をしっかりと見ておきます。

　清里のころにはみんなが一つの色になっているかなあ。

[6]

　朝から、子どもたちは元気です。新しいクラスとは思えないほど和気藹々とやっています。ご安心ください。明るいクラスです。

　ともかく今月は友達づくりが課題でしょうね。早く新しい友達ができるといいですね。

　今朝は早速、みんなでドッジボールをしてみました。笑顔が満開でした。ある先生が「雰囲気がいいなあ。まだ始まったばかりのクラスなのにねえ」とうらやましそうでした。

　でもよーーく見ていると早速いろいろなことが起こります。

　ある男の子が強いボールを投げました。女の子の顔に当たりました。

　男の子は、（ひゃあーやっちゃったあ）と申し訳なさそうな顔をして心配しています。でもその心配そうな顔は女の子には見えていません。周りの子が「あーあ、かわいそーー」と騒ぎ始めました。こうしてほんとは優しいその子はちょっとだけ悪者にされてしまいます。別の場面では、他の女の子がワンバウンドしたボールに当たったのに気がつかないで、外野に出ました。それを見ていた男の子が、「あれはセーフだよ」と親切に教えてくれました。女の子は「あっそうなの」とにこにこして内野に戻ります。でも戻ってきたその子を見て、事情を知らない別の子が「あれー、当たったのに出ない。ずるいね」と指差してささやきます。あーあ、これまた誤解されてしまってかわいそう……。

　でもどの子にも悪気はないのです。みんなその瞬間、その瞬間、自分の感じたことをつぶやいているだけ。それぞれにとてもやさしいのですけど……。

　いかがでしょう。こんなものなんです。

　子どもたちの誤解、これ以外にも実は毎日、たくさん起きています。

　すぐそばにいて、こんなに誤解があるのだから、子どもの言葉だけで情報を得る保護者のところには、いかに正しくない情報が伝わっているか……。

　想像してみてください。

　あの子は乱暴だ、あの子はいじわるだ……。お子さんの言葉だけで、そして低学年時代の先入観だけで、新しいクラスの子どもたちを見ないほうがいいです。マイナスの面ばかり探さないで、どうぞ他の家庭の子どもも自分の子どもと同じように愛おしいと思ってよいところを探してみてください。きっと微笑ましく思えるようになります。

　おそらく一生の付き合いになる40名の友達です。

　これも皆さんのお子さんの大切な財産のひとつ。大切にしようではありませんか。

[7]

早速、夏休みの研究会についてのお願いをします。　　　　　　　➡P.133

７月２２日（土）　筑波大学附属小学校算数公開講座　３部４年公開授業のため登校

８月　６日（日）　全国算数授業研究会　３部４年公開授業のため登校

（8/6は水泳学校で登校しますので、その合間をぬっての参加となります）

　もちろん、これらは土日の研究会ですので、参加については強制ではありません。あくまでも任意での参加のお願いです。

　ですから、既に家族でいろいろと予定されている方は、ご家族の予定を優先されてかまいません。もしも、予定が入っていなければ協力していただきたいということであります。

　ただ本校は、こうした教育研究をリードしていくことを使命としている学校です。

　何卒、ご理解の程お願い申し上げます。

[8]

　付け加えて、私は次の雑誌のまとめ役をしている関係で、グラビア、その他教育論文で３部４年の子どもたちを登場させることが多くなると思います。

◆　本校発刊　月刊誌「教育研究」

◆　隔月誌「算数授業研究」（東洋館出版社）　本校算数部の雑誌

◆　季刊誌「基幹学力の授業」（明治図書）　私が編集長をしている雑誌

その他、単行本やビデオ、テレビ、子ども向けの本など……。

　これらのメディアにお子さんたちの作品や文章を登場させることについてのご理解を賜りたいと思います。もちろん子どもたちに不利になること、危険なことになるような情報は表に出ないように配慮いたします。

　ただし、肖像権の関係などで、こうした書籍への掲載をお断りされる場合は申し出ていただければ、削除しますのでどうぞ遠慮なく連絡帳にてお知らせください。

　テレビ、ビデオ関係の場合は個別に許可をいただきにあがります。

[9]

＜配慮すべきことについて＞

　基本的には、食事で無理強いをすることはしません。食事の基本は楽しく食べることですから。ただ、「食べ物を粗末にしない」ということについては教えたいと思います。ですから単なる好き嫌いの場合はほんの少しでいいから前進することを本人の意思でさせたいと思います。

　ただ、その場合、それが単なる好き嫌いなのか、アレルギーや疾病に関するものなのかはこちらが把握しておく必要がありますので、配慮すべきことは連絡帳などでお知らせください。特に給食に関係することは、前担任からも引継ぎは受けておりますが、念のため保護者の方から伺いたいと思います。

　付け加えて体調のすぐれないときも同様です。遠慮なくお知らせください。

　さあ、今週も楽しくやりましょう!!

［10］

次の表が私の専科の持ち時間一覧です。

役員さんの連絡や、個人的な相談などがありましたら、この空き時間をねらって電話などをいただけますと、連絡がつきやすいと思います。

中休みは10時10分〜10時30分、昼休みは12時30分〜13時10分ぐらいまでとなります。

個人情報保護の観点より割愛させていただきます

ただし、この空いている時間をねらって、全国の先生方などが研究の相談にいらっしゃいます。また子どもたちの日記を読んだり、業者との打ち合わせをする際などにも使っている時間です。ですから突然の訪問は困ります。

アポイントメントを連絡帳などできちんと取ってからお願いします。

［11］

本日、電話連絡網を作成するための調査票を配布しました。 ➡️P.134

明日までにお願いします。メールアドレスを公開してもいい方はそれも書いてください。ただし、メールによる連絡は正式な伝達手段としては使いません。あくまでも連絡がつかないときの補助手段です。留守電と同じです。ですから電話連絡網で何かを伝えるときは、あとで確実に伝わったかどうかの確認をすることが必要です。

付け加えて、この連絡網の使用については、公用のみとします。必ず担任の許可を得て使ってください。

［12］

昨日、新生3部4年の役員さんが決まりました。（児童名でお知らせします）

　実　行　委員 //// さん
　副実行　委員 //// さん
　若桐評議委員 //// さん

これから始まる新しいクラスの船出の一年間です。何卒よろしくお願いします。

非力な担任です。保護者の方の温かい眼差しで支えてくださいませ。

［13］

さてさて、昨日4年生の役員さんにお伝えしました、私のメールアドレスですが間違っていました。（冷や汗）　正しくは

となります。役員さんにお知らせしたのとは　ーと．の位置が違ってます。

早速のミス。お許しください。この機会に全体の方にも私のメールアドレスを一応お知らせし

ておきます。

　ただ、保護者からの私への連絡は次のようにしていただきますようお願いいたします。

　　　第一　連絡帳　（通常はこれを原則とする）

　　　第二　携帯電話　◆

　　　第三　研究室電話　◆

　　　第四　メール　上記（携帯メールにも転送されます）

　ただメールは、送り側は送ったつもりでも、こちらに届いていないこともあります。私が開くのに時間差が生じることもあります。付け加えて学校のサーバーが不具合のことも多いので、緊急の場合や大切な用件の場合はあまりあてになりません。

［１４］

　ちなみに、保護者同士の交流でメールなどを使用する場合には、事務的な連絡のみにとどめてください。やはりこちらも優先する連絡手段は電話など直接話ができるものにしましょう。メール、留守電はあくまでも連絡がつかない場合の補助手段です。

　さらに何かを相談して決める、意見の交換に使う等にメールを使用するのは、互いが気心が知れてからにしないとトラブルのもと。まずは互いに会って目を見て話すのが一番です。過去にこうした手段による連絡で誤解が生じた例もありましたので念のため。

［１５］

　今日は子どもたちといくつかグループづくりをしてみました。

　まずは、居残りのキックベースチームです。元部で集って４チームに分かれて合体するという方法をとりました。続いて遠足のグループを作りました。これも元１部、元２部、元４部が必ずいるように交ぜて作りました。

　４時間目は係活動を決めました。子どもたちの意見を聞きながら、決定しました。8 この係ができたので希望とジャンケンで決めました。

　それにしてもこうしてグループで集って活動するときは本当に楽しそうです。

［１６］

　次の道具をそろえてください。

筆箱に入る程度のミニ定規　スティックのり　セロテープ　はさみ　カッターナイフ
赤鉛筆　青鉛筆　　　　　　　　　これからいろいろな場面で使います。

私が英語主任??

　この世代のNO.1の私の自己紹介に英語担当という文字があります。そうなんです。この時期の私は算数だけではなく、なんと英語も担当していました。

　国際理解教育の大切さが叫ばれ始めていたころで、英語の授業やネイティブとの交流会などを取り入れることが筑波でも課題になっていました。

　でも、その当時は筑波小にはまだ英語専科がいない時代です。

　筑波小の古株の先生の中には、英語なんていらない、日本語をまずはしっかりとやるのでいいなんて主張している方がまだたくさんいた時代です。みんなが担当を敬遠していました。仕方なく若手の私に当時の管理職が頼んできたわけです。

　でも、私は面白そうだったので二つ返事で気軽に引き受けました。といっても当時はまったく英語はできませんでした。

　その上、先にも述べたように学校自体があまり英語教育には積極的ではなかったので予算も多くなく、ALTの手配も遅いため、確保できたALTの方は日本の小学校で教えた経験もまだなかったり、日本語もしっかりと話せない方だったりしていました。

　英語が使えない私と日本語が使えないALTの奇妙なコンビの一年間はさながらドタバタ劇のようでした。でもそのおかげで私も英語を使わざるを得ない日々が続き、彼と過ごした最初の半年で私の英語力は大きく成長したように思います（それでも日常会話程度ですけどね）。やはりトラブルの数だけ人は成長できるんです（笑）

前クラスで子どもについた先入観を取り除くこと

　さて、当時のクラスの通信では、ずっと共通して意識していたことがあります。

　子どもたちを前学年までの噂話で決めつけて見ないでほしいということを、クラスの子どもにも、そしてその保護者たちにも早い段階から繰り返し伝えていきたいということ。

　これは同様に担任の私に対しても……です。

　当時は生活指導主任もしていたので、全校の朝会などでも子どもたちを厳しく指導する場面が多かったので、ひろし先生は怖い先生というイメージが他のクラスの子どもたちにはあったのではないかと思ったからです。

　私の担任クラスの子どもたちはいつも私にじゃれついていたので、他のクラ

スの子は「どうしてあんなに怖い先生にじゃれつけるの」と思っていたそうですので……。

研究会の計画も早い段階で保護者に
伝えお願いしてました　でも……

　筑波大学附属小学校は、教育の研究を推進していくという大切な役割をもった学校です。大学からも先導的な研究や教師教育に関しては強く推進することを求められていたため、研究会の回数はとても多い学校でした。公開授業が多いので、子どもたちにもその参加をお願いすることになります。でも、計画が遅かったり、その依頼が間際になると、長期休みのときなどはせっかく決めていた家族の旅行の計画とも重なってしまうことがあります。私も自分の子どものときに困ったなあと感じたことが何回かあったので、できるだけ早い時期に見通しがもてるように情報を発信していこうと思っていました。さらに、子どもが小学生時代までは家族で動くことの方を優先していいよと通信で何度も伝えていました。

　これについては、保護者会でも口頭で次のように伝えていました。
「子どもが小学生の頃までが、家族で一番一緒に過ごせる時間が長いのです。子どもたちが大きくなると次第に家族とは共に動かなくなりますから、今の時期はそれを大切にしてください。既に計画していた家族の行事が研究会と重なっていたら、どうぞ家族の時間を優先してください」

　でも、そうは言っても附属の保護者は学校からのお願いを無碍にはできないと感じていると思ったので、最後はいつもこう伝えてました。
「安心してください。私自身も自分の子どもが小さい頃は家族旅行を優先してましたから」

　この最後の「私自身もそうしてましたから」と告げると、保護者の方の表情も緩みました。

全体の見通しを早く子どもに伝える

　これは私が専科で付き合っていた子どもたちから聞いた話。
　自分のクラスの担任の先生は、合宿の予定を知らせるのが遅くて困ると（筑波ではクラスごとの行事もいくつかあるので）。子どもたちはグループで自由行動の予定を立てたいのに、自由になる時間帯が午前なのか午後なのかまだ分からない……。やっと知らせが来たと思ったら自由行動の計画を明日までに立てろと言ってくる……。その先生の計画づくりが遅いため、子どもたちが話し合ったり活動場所を調べたりする時間が少なくなってしまったということです。とどめは動き出しが遅いため、希望していた体験教室の予約もうまく取れなかった……。こうして一人の担任の動きの遅さで、すべてが後手に回るのです。昔から仕事は忙しい人に頼めと言うのは、忙しい人はそれをこなすのに、かな

り早くから全体像を見て計画的に予定を組んでくれるので、仕事の進め方は逆にとても早いと言われてました。でも、まああまり忙しすぎるのはだめですけどね……（笑）

　いずれにせよ、行事では担任の先生のところで情報を止めていないで、子どもたちにも早く見通しをもたせてあげるということを意識することが大切です。これは学年主任、研究主任と人を束ねる立場になったときにも配慮したいことですね。

保護者との連絡手段の約束　アナログのよさも

　この当時は、まだメールを使うということはあまり通常ではありませんでした。

　今でも、保護者と個人のメールのやりとりをするところはあまりないかもしれませんが、災害のときや緊急連絡網としては活用されている学校もあると思います。

　地域性のない筑波小のような学校では、保護者と連絡を取り合う必要が多かったのですが、当時は基本的には連絡帳というノートを使っていました。メールの方が楽だという意見は当時もあったのですが、出したのに届いていない、返事をしたのに迷惑メールとして処理された……。さらには間違って他の方に届いた……など、あってはならないミスの報告も全国で話題になっていて警戒していました。こうしたデジタルな情報伝達手段においては、慣れている方とそうではない方のギャップは今の時代も大きいものです。価値観も違います。

　緊急時の方法と区別して、どのように保護者と連絡を取り合えばいいのか、通信などを通じてしっかりとその約束を伝えることが必要です。

　もちろん、学校や学年のルールもあるでしょうからそれもしっかり確認してですが、ご自分の方針もきちんともっておかないと保護者から「どうして、この連絡方法はだめなんですか」と尋ねられたときにしどろもどろとなってしまいますからね。

　くれぐれも「ルールですから……」なんて冷たい対応にならぬよう……。理由がきちんと語れるように、普段から意識しておくといいかもしれません。

メールによる文章作成の怖さ

　メールもそうですが、こうしてワープロなどを使って作る文書は何度でも書き直しができるので、気軽に作成することができます。でもその分、つい余計なことも書いてしまうものです。私にも覚えがありますが、書いているうちにどんどん付け足したくなってしまいます。一方、手書きの連絡帳のときは、書く前に何度も考える時間が必要になります。その間に実は冷静になる場合が多

く、メールとは異なって少し落ち着いた交流ができます。

　今ではデジタルな交流が普通なので、なかなか使わないでしょうが、手書きの連絡帳にはそれなりのよさもありました。

　ちなみにメールなども夜間に書くのは、学校代表のメールだとしてもやめた方がいいです。夜に書いた苦情メールは、本人が思っているよりきつい文面になってます。

　前日に書いてもいいのですけど、送信は朝になってもう一度読み直してからがいいですよ、と私は保護者の方にも笑い話を交えながら話したことがあります。

　保護者同士の関係が悪くなるのも、こうした文章だけの交流でかちんときたなんてことがきっかけになっていることも多かったからです。

　若い先生で、まだ保護者にはなかなか言いにくいということがあるなら、管理職や主任さんに頼んでみるといいでしょう。その際、ダイレクトにその例で話すのではなく、できれば別の世代の似た例などを使って、保護者の方が冷静にしかも時には笑って聞けるようにしてあげると伝わりやすいです。

　管理職になった方でもなかなか言いにくいこともあるんですと言うから、私が代わりにPTAの会で講演したところもたくさんあります。いろいろな発信方法を使って、子どもたちを取り巻く大人たちの間にも支持的風土を築けると、子どもたちの世界にもいい影響があると思います。

元のクラス意識を少しずつなくしたい

　子どもたちの遊び方を観察していると、元のクラスの交流がどのぐらい残っているかがよく見えてきます。このときの私のクラスでは、女子の方は既にそれが早い段階で解消されていましたが、男子は相変わらず元のクラスで遊ぶことが多かったのを記憶しています。筑波小ではクラス替えをしても同じクラスには元のクラスの友達が1/3います。すると、遊び友達がその中に限られていたり、休み時間になると急いで別のクラスになってしまった元のクラスの友達に会いに行ったり……。4月はそんな光景も多く見られることでしょう。もちろん、悪いことではありませんが、自分の新しい世界づくりにも前向きに進む試みも体験させてみたいものです。筑波小の場合は、特に三年間同じクラスなので、その結びつきはとても大きいため、こうして通信でその大切さを子どもたちにも伝えていました。

　この通信を読んでドキッとするのは、実は保護者の方も同じなのです。どうしても子どもが小さいときのクラスの方が仲間意識が強く、同じメンバーだけで集まる傾向が強いので、実は子どもよりも大人の方のクラス替え？が案外課題だったりします（笑）

　少しずつ少しずつ、子どもも大人も新しい出会いに慣れていってほしいという私からのメッセージでした。

［17］

　早速、うっかりミスのひろし先生。連絡網用の調査票を配ったつもりなのに、みんなが帰った後で、ちゃんと机の上にプリントが鎮座しておりました。σ (^_^;) ｱｾｱｾ

　本日配りましたので、明日持ってきてください。

　ちなみに、提出物についての約束を確認いたします。

> ○日までに・・・その日までならいつでも提出していただいて結構です。
> ○日に・・・・・提出はその日のみです。

　特に集金の場合は「○日に」としています。今回の集金は１４日（金）にとなっています。ですからその日のみです。

　保健室からの調査票については４月２０日までです。こちらは昨年と同様なので確認していませんでしたが、２枚コピーを作っての提出になります。既に提出された方でコピーのないかたについてはわたしの方でいたします。これから提出の方はコピーを２部添付お願いします。また４年生学級用の調査票の提出は今週の１４日金曜日までにできますでしょうか。家族写真などが撮れない場合は週明けの月曜日１７日まで待ちます。

［18］

　雨模様の天候の中、子どもたちはとっても楽しそう。

> 「ねえ、長縄しなーい？」「うん、いいよ！」
>
> 　わたしは昼休みに、みんなと長なわをすることにした。すると、ちょうどそこに田中先生がいた。だから「いっしょにやろう！！」とたのんでいっしょにやることにした。やったー、やったー！！
>
> 　田中先生と女子で長なわだあ〜！田中先生なら、長なわ上手だろうなあと思っていたら、いざ田中先生がやってみると、背が大きすぎてぜーんぜんできない。わたしたちは大笑いした。なぜか田中先生といると、もうこれ以上にわらいきれないぐらいにわらってしまう。とってもおもしろいんだもん！
>
> 　そして田中先生はすぐにつっかかるということで、女子だけでやってみた。
> 「1，2，3，……412，413，414」あー
>
> 　なんと、女子４１４回もとべたのだ。すっごーーい。そして長なわをやっている途中でとっても面白いことがあった。田中先生が途中から入ろうとしたら、先生はすぐにつっかかるから、みんなが「ダメ〜！」と言ったことだ。このときの田中先生のリアクションもとっても面白かった。
>
> 　田中先生ってとっーーてもおもしろいんだなあ。　　　　　　女子M

　教室の机を下げて、１２人ぐらいの女子が遊んでいたときのことです。まわりには、係のポスターづくりをせっせとやっている女の子もいました。このとき、教室にいた女子は数えてみると、

あわせて２０人。つまり全員何かを友達と関わりながらやっていました。

　ふむ、女子は今のところ順調かな……。

　さてと、男子はと……。この日、男子の多くは外に出かけていき、サッカーをしていました。ポツリポツリと降る程度の雨なら平気なんだそうで……。元気がいいです。

　では、今度は男子の日記から。

　新しいクラスでのサッカー
　朝活前と２０分休み、昼休みにはいつもサッカーをしています。するメンバーは元４部全員対元１部全員と元２部何人かで、全部で１５人です。
　僕たちのキーパーはＩくんです。今日の試合は１点もいれられていません。強い！
　キャプテンはＭくんです。相手のチームも同じぐらいの強さで、Ｈくんがキャプテンだそうです。ぼくは、パスと、とるのが得意です。
　今日の結果は１対０で勝ちました。サッカーのよいところは、たくさんの人と友達になれて、それぞれのチームやメンバーとのつながりやまとまりがよくなることです。
男子Ｆ

　早く、みんなで楽しく遊べる日がくるといいね。

　男子も女子も、元部も関係なく、遊べるようになったときが、みんなが３部になったという証しの日だということになるかなあ。

　さて、みんなも周りを見渡してみて、さびしそうにしている友達がいたら、どんどん声をかけてあげてね。一人ずつが全員「輝く」３部にしたいと思いますので。
［１９］

➡P.144

　さて、まずは日記について

　基礎的な「書く力」がついているかどうかを、観るためにこれから１０日間は毎日書くことを課題にしてみました。

　昨日、子どもたちにもそのように告げました。この間はテーマは自由。

　本日、朝、ちゃんと日記を提出できたのは、男子１６名、女子１７名のみでした。

　これらは字も丁寧でした。内容もしっかりしてました。個性的でした。前日に言われた課題をちゃんと自分で意識して提出することができたこと、素晴らしいです。

（ちなみに、怪我、体調不良などで書けないことは仕方ないと思います。）

　もしかしたら、書いているのに提出し忘れた子もいるかもしれません。まだ習慣になっていない子もいるのかもしれません。初日なのでうっかりミスしたかもしれません。もう一日様子を見ます。

　高学年になると、専科でレポートの宿題や、作品の提出が求められます。これは子どもたちに告げられるので、それぞれの子どもが自分で自覚して取り組まないと、保護者は何も知らないまま日々が過ぎていくということになりかねません。そして前期の面談で専科から「レポート２枚未提出です」とコメントが返ってくる……なんてことに。

　自分で自分をコントロールする力を少しずつ育てていきましょう。

　高学年としての「自立した家庭学習の習慣づくり」を４年生のうちに身に付けることを勧めます。まだかわいいうちに……。反発する年齢の前に習慣を！(^_^)ニコニコ

輝跡

［20］

　今朝はビシッと、日記がそろいました。さすがです。

　どの子も字をきれいに書こうと努力してます。なかなかいいです。やはり集中させると、筑波の子は底力をもっています。要はいかにやる気にさせるかです。いかにその気にさせるかです。そして逃げさせないことです。

　最初に、日記用のノートを渡したとき、そのノートに子どもたちは自分で名前を書きました。

　このときの記名の仕方を見て、丁寧にやる習慣がついていないかなと思える子がチラホラ。新しいノートをもらって、最初に書く字が書きなぐりのようになると、そのノートは大切にされません。

　ですから、10日間「継続力」と「丁寧力」に焦点をあてて、スタートの10日間は集中させることにしました。ちなみに苦手な子にがんばらせるには、ゴールを身近においてほめ続けることです。ずっと丁寧に書け、ずっと毎日書けと言われたらうんざりするでしょうからね。これは他の場合でも、ちょっと背伸びさせるときのコツです（笑）

［21］

　さてさて、この日記のタイトルも今日から「輝跡」とよぶことにします。

　通信「輝跡」と日記「輝跡」が両輪となって子どもたちの日々の活動の記録を残していくというわけです。ちなみに、この言葉は私の造語。「輝いた跡」を残そうという意味。

「きせき」とよみます。でも「奇跡」をおこそうという意味もあります。できないことはない。子どもたちには無限の可能性があると……。やる気になった子どもたちはたくさんの「奇跡」をおこしてくれるでしょう。

　数学の世界でも実は「きせき」という言葉があります。この場合は「軌跡」と書きます。

　幾何学で使う言葉ですが、「前人の行いの跡」「車の轍」などの意味も同時に持ちます。

　新生3部のたくさんの思い出が通信「輝跡」に、個々のがんばりが日記「輝跡」に蓄えられていくことになります。

［22］

　私は国語を2時間持ちます。「読解力」をはじめとする国語の中核は、もちろん二瓶先生が担当します。私のほうは主に「漢字力」「読書力」といった方面を担当します。

　近日中に漢字学習ノートを配布しますが、こちらは自分のペースでどんどん進んでいいことにします。本校国語部もそれを奨励しています。できれば漢字検定のようなものにも挑戦できるといいなあと思います。余力があれば漢字だけは上学年のものまで挑戦してもいいのではないかということです。そして、身に付けた漢字はどんどん使っていきましょう。そういえば、その手本のような日記を見つけました。

今日は理科の時間にチューリップの観察をした。彼方此方で「わあ」とか「思っていたのと違ってる」とかいう声が聞こえた。全部のチューリップが眩しい程、綺麗に咲いていた。でもそんな事に気を取られてはいけない。絵を描いて発見を書かなければチューリップ位描くのは簡単！と思っていたが……。

　葉が交互に生えている、とか花弁の数など正確に描かなくてはいけなかった。

　フーッ。ちゃんと描き終わった。何がないかな～。と思ってチューリップを覗き込んだ。もしや……。僕の心が躍り始めた。7枚の花弁……。7枚の花弁……。

　あっ、やっぱり！

　教室に帰ってノートにこう書いた。

　　　　　花にすじが入る

　　　　　花弁7〜5枚

　　　　　葉の先は反りかえり水がながれる

　　　　　花弁は内がわと外がわ二列にはえる

　　　　　葉が交互にはえる

　　　　　雄蕊と花弁の数が同じ

　　と。　　　　　　　　　　　　　　　　　　　　　　　　　　I

　理科の時間のわくわくした様子がよく伝わってくる日記です。輝いているIくんの姿が手に取るようにわかります。このように学習したことの記録に使うようになると日記も一石二鳥になりますね。でも、何よりもすごいのは、この漢字。これには私も参りました。<(_ _)>

　実はここにある漢字は私がワープロで勝手に変換したのではなく、彼が実際に日記で楽しんで使っているものなんです。算数研究室で、他の先生たちと「へー、○○ってこういう漢字書くのかあ～」とみんな妙に感心しておりました（笑）

　みんなも自分の楽しめることをつくって、日記の中で自己表現していくといいなあと思います。

［２３］

➡P.144

　さてさて、早速、始めました。子どもたちの体力づくり。

　本日は朝の活動で二重とびの記録づくりに挑戦。ちなみに縄跳びは、あまり体重が増えない4年生のこの時期が一番適しているといえるでしょう。また他のスポーツなどでひざや足首を痛めている場合は言ってください。さらに、子どもたちがこうした記録作りに燃えて家で練習を始めるようになったら、できるだけ土のところでやるか、ちゃんとした靴をはいてやるように教えてあげてください。変な場所で長くやりすぎると膝を痛めます。

　本日は１０秒とび　２０秒とび　３０秒とび　と次第に課題の時間を増やしていきました。３０秒続けて跳べた子には、運動会のように時間とびに挑戦させてみました。

　すると、な・な・なんと、これまたびっくり！！！

　　Kくん　３分５０秒　達成！！　運動会の記録よりも１分以上伸びたとか！

　ちなみに１分を超えた子は本日次のようでした。お疲れ様。パチパチ。

　　K　１分３２秒　N　１分２５秒　　Y　１分１３秒

　　N　１分１２秒　S　１分１１秒　　あれ？　ここは全部女子？

［24］

本日の二重とび

またまた記録更新！！　まいりました。

　休み時間もせっせと挑戦している子が出てきました。何かに燃えるその意欲、さすがは筑波っ子ですね。

　でも、最初は自分の記録を少しずつ伸ばすのでいいんですよ。自分との勝負です。

　今年こそ、運動会で入賞したいと思っている人は、それを自分の目標にして取り組み続けるといいですね。

　ちなみに、本日の一発勝負では……

　　　　またまたO君、記録更新　　　K　4分05秒

　続いて、N　2分11秒　　H　1分55秒

　N　1分33秒　　K　1分25秒　　K　1分23秒

　Y　1分6秒　　Y　1分2秒　　M　1分1秒

　おそれいりました。はい。

［25］　　　　　　　　　　➡P.145

　家庭環境調査票の家族写真が、なかなか撮れないという連絡がいくつか届いてます。

　皆様、本当に丁寧に連絡をいただいていて恐縮です。

　せっかくの記念写真ですから、どうぞ、ごゆっくりお撮りください。

　私も実は家族写真を撮るのに、なかなか全員そろわなくて週末を迎えたのを覚えてます。だから事情はよーーくわかります。

　ただ、本校のように家庭訪問ができない学校は、これがその代用のひとつの方法ですので、ご理解ください。

　ちなみに、本校、附属中学校も同様の方法をとります。知っておくと、6年の春休みなどに事前に用意できます。

［26］

　本日の国語では、百人一首をやってみました。百人一首は中学校1年生のときに必ず全部を覚えさせられます。そして中間テストや期末テストに出題されます。中学になって突然、やる子はだいたい苦労してます。小学校時代から、遊びながら親しんでいた子は楽です。私はクラスを持つと必ず百人一首リーグ戦をやるのですが、子どもたちは簡単に覚えてしまいます。過去の卒業生からは、よく感謝されました。

　まずは20首だけで、しばらく遊びます。梅雨時は部屋の中でけっこう遊ぶ時間も多くなるでしょうから。

［27］

　「輝跡」のノートのレベルがぐんぐんあがっています。

　どの子のノートも紹介したいぐらいよくなりました。

　毎日、2ページ近く書き浸っている子もいます。自分なりの楽しい活用方法を考えて、取り組んでいる子もいます。文がうまいなあと感じる子もたくさん登場してきました。

でも、今は、ともかく

◆　継続して書く

◆　丁寧に書く

が、課題です。それ以上は、第二期に求めます。特に、男子で苦労している子、あと少しだ。がんばれ、がんばれ。

　丁寧に仕上げる力は一生の財産です。

　ちなみに小学校時代に、丁寧に作品を仕上げる力と心をつけなかったら、おそらく今後、改善するのは無理です。そしてそれは今が最後のチャンスだとお考えください。

[２８]

　算数の時間が終わっても、子どもたちは延々と巻物を作っていました。

「先生、これ続きをやってきてもいい？」と言うので、いいよと告げました。宿題ではありません。でも、子どもたちはやる気満々。算数の学習としては、兆まで知っていれば充分です。でも、このようなことに興味を持ち、その知識の獲得を楽しむ心、これが何よりいいですね。知的好奇心とよびます。

　そして、この時期の子どもたちは、このようなことはあっさりと覚えてしまいます。

　そういえば、二瓶先生も言ってました。みんな学習に燃えていてとってもいいと。

　五時間目に算数がありました。その時間に百兆の位を習いました。一の位、十の位……。百兆の位は１５番目に出てきます。小さいころ、ぼくは千万の位の次に一兆と言ってました。どうしてかというと、一億の位を知らなかったからです。学校で勉強して、「そんなのがあったんだあ〜」と思いました。今日の授業でこのことを思い出しました。その後、先生の話を聞いていたら、百兆の位から最後の位は何か知りたくなってきました。あっ、数に終わりはないから、位も終わりはないですよね？？？？

H

　この後、Hくんも延々と巻物作りに燃えていました。本日、みんなで力作を見せ合いました。

➡ P.145

［29］

今日、ニュースをみていたら、日本国内で初めて「ニホンイヌワシ」という鳥が、たまごを三個、産卵したという報道が流されていた。

最初はイヌワシがどんな鳥か知らなかったから、ぼくも図鑑で調べてみた。

そしたらしっぽは白黒で、今にも動き出しそうだった。分布は北海道、四国、本州と書いてあった。

これからもこうして調べて発見を増やしていきたいと思った。

K

今日、ニュースで「宮古島でニイニイゼミが初めて鳴きました」

私はびっくりしました。「東京では夏から秋に鳴くものじゃないの？」と思いました。日本は南北に長いため、南の地方ではもう夏のように暖かいのかな。

温度差がはげしいと、くらしにくいけれど、そのため野菜の「早作り」「おそ作り」ができるんだなあと思いました。

それと、日本の周りには４つの暖流、寒流があり、その二つがぶつかったところを潮目といいます。そこは魚がたくさんいるため「魚天国」のようなところです。日本はくらしやすい気候なのかもしれないなあ。

K

偶然だが、二人とも最近、見たニュースをもとにして輝跡にしている。

こういう輝跡のテーマ作りも、なかなかいいと思う。

今、１０日間の連続日記に挑戦させているところだが、そろそろバラつきも出てきた。

低学年時代に、日記を書く訓練があまりできていない子は、何をテーマにするかだけでも苦労しているようだ。

そこで、友達の輝跡の内容について少しだけ伝えておく。

参考にするといいと思う。

➡P.145

◆生活日記……その日のことを記録する日記　低学年でたくさん体験したはず。

◆授業追想記…その日の授業で体験したことなどをまとめていく日記
　　　最近は社会科のインタビューの話や理科のことがたくさん書かれている。

◆テーマ日記…自分で独自のテーマを決めて取り組む日記
　　最近のテーマでは、上の二人のように　ニュースや最近の読書についてまとめていくものや「私とクラスの仲間」「掃除区域の先輩のこと」「自分の兄弟のこと」など楽しんで書いているものがたくさんある。

要するに、少しずつだが、学習の一環として使っている子が増えてきたということだ。　せっかく時間を費やすのだから、消化試合にしないで自分の力になるノートづくりにしてほしいなと思う。

[３０]

> 数の不思議
> 無量大数の次は？
> 　私は一、十、百、千、万、億、兆・・と続くのはわかります。そして万の位も一万、十万、百万、千万とつづくのもわかります。が、無量大数は一無量大数、十無量大数、百無量大数、・・とつづくのでしょうか。それとも一もつけないで無量大数でおわるのでしょうか。ひろせんにきいたら、わかると思って書いてみました。
> 　わたしは無量大数だと思うのだけど、千無量大数まで書いている人も……。
> 　今度、教えてくださいね。　　　　　　　　　　　　　　　　　　　　S

　なるほど、確かに教科書の書き方を見ると無量大数で終わりのように見えますね。
　さて、どうなのでしょう。みんなもいろいろと調べてみるといいですよ。
　昔の算数の本に「塵劫記」（じんこうき）というのがあります。実は、日本ではこの本で初めて単位を確立したとされています。
　ところが無量大数については１６２７年、最初に出された本のときには書かれていなかったとあります。そして１６３１年に出されたもので登場してくるのですが実はその後１６３４年に出されたものと比べると「恒河沙」から先が少し違っています。
　今の位の約束になったのは１６３４年からだそうです。
　それほど、昔の人も大きな数の表し方はいろいろと迷ったようですね。
　今日の授業でもやりましたが、１億だって実は気の遠くなるほど大きな数、それと比べると１無量大数がどんなに気の遠くなる数か……。
　みんなも数の表し方について調べてみると面白いかも……。

[３１]

　それにしても、明るいクラスですね。
　みんな元気はつらつで輝いてます。私は毎日、汗だくです。
　友達のことをちゃんと考えてくれる子が増えてきました。やさしい言葉がけがたくさん聞こえるようになりました。ややけじめがつきにくいのが欠点ですが、活動はとてもテキパキしていてたいしたものです。先生の話を聞く姿勢も凛としていていいです。
　ちょっと知的な３部になりつつあります。
　昼休みになると、算数の研究室には３部の女子がどやどやと気軽に遊びに来ます。そしていろいろな話をしてくれます。その子たちをかつて教えていた算数の先生たちがその様子を見ていて、「え？この子こんなに元気な子だったの」と目を白黒させて驚いてます。
　少し紫の色が浸透してきたかなあ。

生活日記から「考えた足跡」が残る日記へ

　他の世代の通信も読んでいただくとわかりますが、私はやはり「書く力」育成にこだわっていました。幸い、このクラスには、難しい漢字をやたら使いたがる I 君の存在が他の子どもたちに刺激となっていました。彼の日記は極端に漢字が多く、まるで漢文みたいになっている日もありました。電車が大好きな子が電車のことばかり書いてくるのと同じです。ちなみにこの子は電車も大好きでしたが……（笑）

　好きなことがあるということが、個の学びを前進させる大きなエネルギーになっている具体的な姿の一つです。教科教育でも「好きになる」ことを先に目指すことが大切だと私はずっと主張していますが、こうした子どもの姿がそれを証明してくれています。当時は、それを日記「輝跡」に書くことを勧めていました。ちなみに通信のタイトルも同じ「輝跡」です。私の造語ですが、数学の「軌跡」のように時には美しく、さらには個性的なその道筋を残し続けてほしいということ、さらには努力の後に起こる「奇跡」を信じて……。そんな想いをこめて好んで使っていました。

この時代も二重跳び

　どの世代でも例外なく、二重跳びは体力づくりにずっと使っていました。

　これは他のところでも述べましたが、二重跳びが本校の運動会の種目として位置づけられていたからです。

　もちろん、子どもたちの努力の評価を、相対的に「前回よりもどれだけ伸びたか」にしていくことも取り入れてはいましたが、オリンピックのように「どこまでできたか」を絶対評価されることは社会に出てからも多いものです。

　他の運動は苦手だけど、この二重跳びだけは得意という子もいました。走ること、泳ぐこと、球技、鉄棒……と、どこかで誰かが光れる場所があるといいなと思います。その意味では、二重跳びは練習さえすれば実は 1 年生でもできるようになります。体が軽い方が有利なこともあるので用い方によっては逆転現象も起こせます。

家庭訪問代わりの家族写真

　私が山口県の公立学校教員だった頃は、家庭訪問という文化がありました。

子どもたちの家庭での様子を理解しておくことが大切だという共通理解がどの学校でもありました。

しかし、筑波小ではその時代からも家庭訪問はしていませんでした。東京23区から子どもが通ってくるという特殊な環境だったためです。そこで家族写真を一枚もらえないかとお願いしていたわけです。この写真は緊急時のお迎えのときに、例えば今日は祖父母が代わりに来るなんてときの照合にも使っていました。

ただ、私もそうですが、出張が多いと家族全員がそろう日がなかなかとれないなんてこともしばしばでした。でもその連絡をいただくこと自体がその家族のことを知るよい機会にもなっていました。個人情報保護が強く言われる時代になってはなかなか難しいですが、子どもたちの日記なども通して、学校外での子どもの日常をそれとなく知っておくことはいろいろな場面で役に立ちます。

大きな数の学習で算数の巻物づくりを楽しんだ

この当時から算数の時間にはいろいろなモノづくりを楽しんでいました。このときは、写真にあるような数の位をすべて書いた巻物を作って遊んでました。

塵劫記など古い算数の書物など、昔の人の数学への取り組みなども話題にしたせいなのか、なぜか数の位を延々と横に書き続けていく子がいて、ノートでははみ出すからそれを紙を継ぎ足して横長に書いていき、最後はそれをくるくるまるめて巻物にして喜んでました。まあ、あまり数学的な意味はないのですが、こんなことでも喜ぶ子どもたちをかわいいなと思って見てました。

生活日記だけから学習としての
輝跡ノートづくりへの転換

当時は、日記を書かせるというのは、どの先生も普通のこととして取り組んでいました。私も「書く力」をつけることは大切だと思っていましたが、だらだらと一日のことを書くだけの生活日記から学習にもつながる日記へと転換させたいと思っていました。

だから最初は、漠然と学習のことに関することも書こうと持ちかけていました。それは例えば、授業中にできなかった質問なども想定していたのですが、なかなか子どもたちも一人で学習日記を書くことには慣れていませんでした。そこで学校の授業の中で「授業の追想記」を書くという時間も設定してみました。算数の板書を残しておいて国語の時間に授業を思い出してそのストーリーを書くというようにです。また、他教科の調べ学習の続きを日記でしたり、趣味の話題を掘り下げるのでもよいとしてみました。いずれも一度、学校で行い、友達の作品を読ませたりして具体的なイメージづくりを経験させてから家庭での活動に取り組ませていきました。通信でも友達の記録を紹介していくこともそのために行っていました。最初は友達の模倣からでいいよとも伝えていました。こうして少しずつ子どもたちの日記は変化していきました。

➡P.152

［３２］

　先日、お願いした研究会への児童の参加についての追加のお願い

　２つ追加があります。

　一つは６月３日（土）のＩＴ関連の研究会です。

「ニューエデュケーション・エキスポ２００６」という名称の研究会です。こちらで公開授業をすることになりました。参加するのは４部６年と３部４年です。

　会場はお台場の東京ファッションタウン（すごいところですよ）。

　当日は、文部科学省の方たちも見えて、未来の教育についてのシンポジウムが行われる予定です。今のところ午後の予定。

　ただし、既にご家族の予定などが入っている方はそちらを優先していただいてかまいません。参加できるお子さんだけでいいですので。参加できないことがわかっている方は事前に教えてください。

　次に８月１０日　基幹学力研究全国大会　こちらは午前中の公開授業です。ただこちらは当日水泳学校で来ていますから大丈夫だと思います。よろしくお願いします。

　ちなみに、これまでに、お願いしたものを整理しますと

６月　３日（土）　ニューエデュケーション・エキスポ２００６	＜お台場＞	午後
７月２２日（土）　筑波大学附属小学校算数公開講座	＜学校＞	午前
８月　６日（日）　全国算数授業研究会	＜学校＞	午前
８月１０日（木）　基幹学力全国大会　（国語＆算数）	＜学校＞	午前

　関わっている研究会が多いため、迷惑をかけてしまいます。何卒、ご協力のほどよろしくお願いします。

　なお、これらの公開授業を収録したビデオがＤＶＤとして作成されることになるそうです。それぞれに英語とスペイン語の字幕スーパーがはいり、米国や中南米などのＪＩＣＡの活動で日本の授業の例として公開されます。

　こちらについてもお子さんが登場することについて許可をいただけますでしょうか。

　遠慮したいという方のみお知らせください。

［３３］

　あと少しで１０日間連続「輝跡」が完了します。

　よくがんばっているなあと思います。日記なんて平気だよと言っている子もいます。

　今までは大変だと思っていたけど、やってみたら結構楽しくなったという子もいます。

　自分の書いたものを読み返してみたら、面白かったという子もいます。

　いずれにせよ、文を書き、それを振り返ることで自分の成長を子どもたちが感じるようになりました。いいことです。

　第一段階はこれで終了します。これからしばらくは自由にしますが、必ず週に一回は提出することとします。しばしの休憩。あーっよかった？　そうはいかないのです（笑）

今度は少しアイテムやドリルなどの使い方、漢字学習について取り組みます。

［３４］

ある子の日記に「このクラスはとてもいい」と書いてありました。
（本人から全文載せるのはだめだよと言われてますので輝跡からの抜粋にしました。）

このクラスがとてもいいなと感じた理由は３つあります。

その１　担任の田中博史先生がとてもやさしいのです。毎日の学校で先生がいるととてもおもしろくなります。今日も先生は遊んでくれました。

　　　　※いえいえ、先生もとても楽しいです。みんな元気よくて、素直で明るくてとてもいい。

その２　友達のことですが、他の部からきた子たちと男女関係なくたくさんお話できることです。もうみんな友達になりました。

　　　　※それは先生も感心してます。男子も女子もとても仲がよくていいです。

　　　　このクラスには面白くてやさしい男子がたくさんいますね。はつらつとしていて明るい女子がたくさんいますね。みんながパワーを分け合ってるという感じ。

その３　何かをやって人が困っていたら必ず協力して助けあえるからです。

　　　　※はい。先生もそういう友達がたくさんいるクラスになってほしいと思っていますから、みんながそんなふうに変身してくれるのが、とてもうれしいです。

友達のいいところを探す目、ぐんぐんと育ってきました。わずか一週間でもうスクラムができつつあります。この新生３部、なかなかすごいクラスになりそうです。

我が六代目のクラスの、これからがとっても楽しみ。

［３５］

昨日の二重とび

１分を超えた友達がこんなにたくさんいました。

N　２分１８秒　　　K　１分５７秒　　　I　１分２１秒
O　１分２４秒　　　K　１分２０秒　　　N　１分１９秒
N　１分８秒　　　　H　１分５秒
K・Y・M　　　１分４秒
S　１分３秒

それにしても、子どもたちの集中力がすごい。なんだろう、この迫力。

ちなみに、今、全員に課しているのは３０秒とび。こちらは全員達成したらお知らせします。今のところ全員１５秒まではちゃんと跳べました。だから二重とびの技術は全員申し分ないのです。見てみるとみんな跳び方もきれいです。あとは持久力だけ。

実は二重とびで３０秒跳べれば運動場一周もなんてことはなくなります。でも２５秒ぐらいまで続いたあと、最後の５秒が何とつらいことか……。でもそれをすぎるとふっと楽になって続くようになるんです。すると走る力もぐーーんとアップします。

まあ、騙されたと思ってやってみてください。

輝跡

［３６］

➡P.152

　遠足も無事おわった。子どもたちの「輝跡」にはその楽しかった様子がたくさんつづられていて、とてもいい感じ。感心したのは、3部は集合も早いし、その活動も実にテキパキしていて気持ちがいいこと。ケーブルカーに乗るときも、本当は3番目で待機していたのにトイレもグループ写真撮りもさっさとすませて、全員がそろってケーブルカー乗り場に一番に集合してきた。おかげで他の部を追い越して最初に乗れた。ラッキー。

　登山の最中もみんなが元気よく歌を歌いながらおりていく。男子も女子も仲がいい。

　下山のときに他の部の子がころんで捻挫した。すかさず3部の班の保健係がさっとシップを取り出してくれた。これには、勝田先生もびっくり。なんと準備のいいことか。

　ともかく３部での初めての遠足。楽しく終わった。よかった、よかった。

　もちろんトラブルがまったくなかったわけではない。小さなトラブルはたくさんあっただろう。でも、今のところ子どもたち同士でちゃんと解決している。これでいい。

　グループ活動の中でリーダー性をぐんぐん発揮している子もいる。でもそれが強すぎて失敗することもある。リーダーを助けるフォロアーシップにすぐれた子もいる。だがやさしすぎて決断できなくて戸惑うこともある。

　でも実はどちらも大切なことだ。そしてそのどちらの立場も体験してほしい。

　普通に考えれば６人、７人のグループが全員同じ気持ちで動いていることはないといっていい。今回も例えば男坂、女坂のどちらを通るかでもめていた。ジャンケンにしよう、いやバラバラになろうなんて声がする。

　でもここは一言。「グループが離れるのはだめだ」と冷たく言う。

　これから先、子どもたちはいろいろな場所でグループ別自由行動を体験する。するとこのように希望が分かれる局面に必ず出会う。そのときに、バラバラになるという選択肢が実は一番簡単だが、これを許すと学ぶことは途端に少なくなる。さらに危険も増す。

　子どもたちのグループを６人程度でしかも男女一緒にしておくことにはいろいろな意味がある。

●小集団での行動の仕方を考えるときには、自分の希望と友達の希望をどのようにバランスをとればいいかを考えること。

●男女の個性を互いに認め合い尊重し合うということ。

●そして実は安全面からも６，７人の子どもが集団でいることが大切。

　さて、今度は清里へ向かってＧＯ!!!

［３７］

　ひとつひとつの行事の中で、子どもたちが新しいひとつの集団に確実に成長していっている。それは見ていてとても微笑ましい。かわいい。健気でもある。

　腕白坊主の顔つきが少し知的になった（ような気がする）。やさしい目になったねえと元担任が驚いて言う。大人しい女の子が快活になりつつある。あんなに元気よかったっけ。元担任がつぶやく。クラス替えという環境の変化が子どもたちを変容させている。

　その確実なプラスの変容を保護者の方も気がついたら、照れずにまっすぐ褒めてあげてほしい。するとその変容のスピードは着実に加速する。

[３７]

　保谷での活動日を決めました。５月１５日（月）です。今回は苗差しが目的ですが、清里のための野外調理の練習をします。でも体験の少ない子には連休中にご自宅で包丁をにぎらせたりすることも必要かも……。さてさて、子どもたちの腕前やいかに……（笑）

　集合は ///////////////////////// 改札前　////////// 分です。切符を買って集合。

　/////////// 分の準急に乗る予定ですので時間厳守です。

　////// 駅のほうが便利な子は ////////////// 分までに ///// 駅。この場合は事前に届けてください。帰りに途中下車を希望される方も事前にお知らせください。

[３８]

　学校からの日程表、児童手帳に掲載されていることの連絡については、重複して知らせることをしていません。変更がある場合のみ知らせします。各家庭で配布物を通してきちんと把握しておいてください。ちなみに

◆校内研究会の日は４時間で終わり給食・掃除をして下校します。////////////// 下校。

◆高学年、低学年の弁当日は児童手帳のとおり。

　　※弁当を忘れて、友達や先生から分けてもらって何とか過ごしたのに、それさえも親はとうとう知らなかった……なんて例も過去にはあります。

[３９]

→ P.153

　清里の班を早々に決めてみました。子どもたちの希望は自由に班をつくるのがいいということでした。私からは、必ず元部が３通り集まること、遠足とまったく同じメンバーにならぬように努力すること、グループ作りで悲しい気持ちになる人がいないようにすることなどを条件にしました。前回の遠足のグループ作りで少し苦労した子どもたちは、いろいろと学んだようで、ある子が「３人ずつのグループを先に決めて、もしも運悪く２人のグループになってしまった人たちは、優先的にどこに入るかが選べることにしよう」というアイデアを言ってくれました。なるほど、と私も感心してしまいました。

　実は清里ではいつも６つの班で活動することにしています。

	1班	2班	3班	4班	5班	6班
男子	4	4	3	3	3	3
女子	3	3	4	4	3	3

　となると、３人組と４人組をうまくバランスをとって作らねばならないのです。これで結構、毎年、苦労するのですけど……。さてさて、本当にこのアイデアでうまくいくのでしょうか。やらせてみました。おそらくトラブルが起きてやり直しになるのではないかと不安に思いつつ……。意外や意外。男子はあっさりと決まりました。女子は条件があわずにみんなで話し合っていました。ところが、こちらも５分ぐらいですぐに解決してグループは完成。よくある高学年の女子特有の……の雰囲気はまったくなく、解決できたのには感心です。続いて男子と女子のグループの組み合わせを考えるのですけど、みんなで「よろしく〜」なんて言いながら、こちらも実に朗ら

かに決まっていきました。

　終わってみれば実に快適にグループは完成。いやいやたいしたものです。

［４０］

➡P.153

　水曜日に１年生と顔合わせしました。今回のジャンボは出席番号のペアではなく、背の順にしました。なぜかって？　まれに運悪く大きい１年生とペアになってどっちが１年生かわからないなんて言われて悲しんでいる子を過去に私は知ってますので……。

　１年生とご対面！

　今日の学級活動の時間に３部１年の子と初めて対面しました。１年生はとてもかわいかったです。そして１年生と自己紹介ゲームをしたりしました。最後には１年生をつれて学校探検をしました。１年生が喜んでくれたみたいだったので、よかったです。そういえば私たちが１年生のころ４年生と一緒にジャンボあそびで遊んだ覚えがあります。あれから３年・・・！

　私たちはもう大きなお兄さん、お姉さんです。あの時ジャンボ遊びで遊んだあのお兄さん、お姉さんと同じになったのです。なので１年生のころを思い出します。成長って早いんだなー！

Ｔ

---

［４１］

　＜習い事、塾などのスケジュールに無理はありませんか。今、一度見直しを……＞

　４年生になりました。原則６時間目までが授業です。その後、放課後の活動も４時までは使うことが増えてきます。校内ボランティア（委員会のようなもの）も５年からは体験します。４年生だって学校行事のための行事の準備で居残りする日も出てきます。他にもグループ活動の話し合いの続き、合宿の準備、学級イベントの準備……などなど時として予定外の活動が必要になることは充分に予想できます。３年までとは違います。

　例えば、どうしても清里の話し合いが終わらない、劇の練習ができない、……なんてときに、放課後に何とか続きをしあげようという提案が友達からされることがあります。

　そのとき「ぼくは塾があるから」「私は習い事があるから」なんて言葉を発してぬけたら…。

　そこで冒頭の言葉につながります。授業が終わって１５時３０分には飛び出さないと間に合わないというような予定は最初から無理があると思いますよ。見直しを。

［４２］

　清里のしおりに載せてみんなで盛り上がって歌を歌おう……ということで、今、子どもたちに推薦曲を披露させています。楽しい歌あり、漫画の歌あり、ヒット曲あり、大人びた歌ありです。いろいろでにぎやかです。曲がかかるとすぐに踊りだす幼い男子たち、ヒット曲になると目の色が変わるおしゃまな女子たち……と様々で何ともかわいい光景。昼休み、男子たちがウルトラマンごっこをしているのを見ていて、まだまだ先は長いなあと感じたヒロシ先生でした（笑）。明日からゴールデンウィーク、スタート。しばし休息の日々ですね。私は明日は昼間は高校１年生（四代目）と小学校で同窓会。

　幼かった男子たちが大人びた顔つきで帰ってくることでしょう。楽しみです。

ICT教育の研究会に
取り組んでいた身としては……

　この当時は、私は算数授業ICT研究会の代表としても活動していました。お台場でのエキスポなどにもクラスの子どもを連れて行って、そこでICT活用の公開授業なども行っていました。もともと私は学生時代から趣味でプログラムを組んだりしていましたが、この通信の当時は内田洋行という企業に協力してもらって様々な学習ソフトの開発をしたり、教材作成支援ツールの開発をしたりしていました。

　近年になってやっとプログラム学習が注目され始めましたが、そうした取り組みは古くから行われていて、だいたい10年ごとにブームが来ては去っていっています。

　今、話題になっている取り組みがブームだけで終わらないことを願いますけど……。

　ただ大人も「やらされている」ことが長続きしないことは、この取り組みを通して体験済みですよね。似たことを自分たちも子どもにしていないかと反省するのにはよい経験かもしれません。日々の授業づくりにおいても大切なのは、取り組みに対する意欲があるのかどうか。楽しいのか、便利なのか、したかったのか……。大人も自分の取り組みに対して振り返ってみるとよいと考えます。

「200÷0.5でいいの?」の
DVDのクラスの子どもたちです

　このクラスは、実は内田洋行で出している算数授業DVDシリーズの「200÷0.5という式でいいの?」というタイトルの授業の子どもたちです。あのDVDは5年生のときのものです。高学年なのに素直でかわいいですねとたくさんの先生に褒めていただいた子どもたちとの学級開きの一ヶ月がこの通信です。

遠足の行動観察を詳しく　グループ活動の
練習　安全対策と自律・自立のバランス

　当時は、遠足などで自由行動をよく取り入れていました。でも、子どもたちの自由行動を安全に行うには、やはりそこに至るまでに段階を追った意図的な指導がとても重要です。特にグループがバラバラになってしまう傾向があるときは要注意です。ですから私は、こうして通信を通して私が何を見ているかを

繰り返し伝えていました。

　ここにも男女が仲良く行動できることの大切さが視点としてあります。これは保護者の方にも繰り返し伝えていました。あるとき、「満員電車で移動するときは、男子たちが女子を気遣ってあげるんだよ」と告げたら、あるグループは女子を真ん中に入れて男子がまわりを取り囲むようにしてました。でも、背は女子の方が高いんです。まだ小さな男子が健気に女子を守ろうとする工夫を微笑ましく見てました。

一ヶ月でグループづくりを任せられる集団に成長

　グループをつくる……という場面は、本当にトラブル続出です。おそらくくじにしたとしても、水面下では子どもたちの無神経な言葉が飛び交っています。私はあえて子どもたちが言う「好きな人同士で組みたい」という意見を採用して試していました。結果が決まって涙目になっている子の存在も知っています。でも、休み時間や休日はこうしたことの連続なのです。大人は自分がそれを見るのが耐えられなくて安易にくじを使いますが、トラブルの源は解消されてはいません。だから水面下にある子どもたちの本音を見とどけるために4月に何度か小さなグループづくりを繰り返し、その都度子どもたちに指導して一ヶ月後に少し大きめのイベントを仕組んでグループづくりを任せてみたのが、NO.15の報告です。

4年生が1年生のお世話をして
校内巡り……でも……

　筑波大学附属小学校にも1年生を迎える会というのがあります。この日は3年生が児童集会を取り仕切ります。1年から3年までだけで集会をさせることで3年にもリーダーの体験をさせています。集会を行う講堂の外では、5年と6年が楽しいイベントを準備してくれています。このイベントの参加への案内役が4年生の役割です。1年生と4年生のペアで活動するのですが、他のクラスは慣例になっている出席番号順のペアにしてました。でも、私は毎年、その組み合わせを見てかわいそうだなと感じる光景をいつも見ていました。組み合わせによっては1年生より4年生が小さいペア、またはどちらかわからないというペアもあるのです。こういうのを見たとき、心ない言葉をかけてしまう子もいるのです。「どっちが1年生かわからないね」なんて言われて笑っているあの光景が私はどうしても嫌でした。

　だから私は背の順にしてペアを作り変えてみました。すると背の小さなある男の子が日記で私に「ほっとした」という旨の感想を書いてました。やはり子どもたちも心配してたんですね。次の年から多くのクラスがそうした配慮をするようになりました。

4月28日付けで15号の発刊
どれだけ張り切ってるの??

　さて、4月に発刊した通信だけをここには掲載していますが、振り返ってみると、4月7日の始業式から発刊し28日までの21日間で15枚の発行です。

　でもその間に土日が6日ありましたから、実はこの4月は毎日発刊してたことになります。

　この年は、「前のクラスでの子どもへの先入観を早く取り払いたい」「私の経営方針を早く伝えたい」「5月の保護者総会までの一ヶ月が勝負」なんて張り切っていたのだと思います。少し空回り気味の私が紙面の中にいますけど、こうした思いで通信を出し続けていました。

　読者の皆さんの中にも通信を出している方がたくさんいらっしゃると思いますが、自分は何を目的にしてそれを発行しているのか、目的を自らに問い直してみると作り方も、書く内容もさらにそのために観察する視点も変わってくると思います。

学級通信 平成 24 (2012) 年

「4 部 4 年」 バージョン

「輝跡」

保護者の方との信頼関係を大切にする

　こちらの通信は、私が筑波大学附属小学校で卒業させた最後(筑波小八代目)のクラスのスタート段階での通信です。ある世代以降、ずっと同じ「輝跡」(きせき)という私の造語が通信のタイトルになっています。ここでも 4 月に発刊した通信だけを集めてみました。

　やっていることは、初代(1991)、六代目(2006)とそう変わりませんが、通信の文体は保護者向けの感がとても強くなっています。既にこの学校での生活も長く生活指導主任や研究企画部長、主幹教諭としての立場もあったので、当時の管理職から頼まれていろいろなクラスの保護者対応もしていた頃だったからだと思います。

　いろいろなトラブルを抱える他のクラスの保護者の声を聞いて、やはり大切なのは子どもたちの後ろにいる保護者の方との信頼関係、支持的風土をつくることこそが何より大切だと再認識する機会が多かった頃です。ただ、校内では年長の立場でもありましたのであえて苦言も呈していました。

　今回書籍化するにあたって、ページレイアウトの関係から、こちらの通信では一号ずつにもそのときの背景となることをつけ加えてみました。

　振り返ると、初代の通信は「頑張っている自分に向けたメッセージ」、その次の時代からは六代目頃までは「子どもたちと保護者向けのメッセージ」、そして最後のこの通信は「保護者向けのメッセージ」と役割が変化していたことを今、あらためて感じています。

※はじめまして　田中博史です

　これからお子様の卒業までの、大切な、大切な、三年間を担当することになりました4部4年担任の田中博史（たなかひろし）です。

　どうぞ、よろしくお願いいたします。

　本校在任22年目になります。2部として1回、1部として2回、3部として1回の卒業生をこれまでに出してきました。4部としての卒業生はこれが最初です。私にとってはおそらく現役最後の卒業生となると思いますので、我がエネルギーのすべてを注いでこの子どもたちを育てたいと思っています。

　先週の教室移動の際に、早速、出会った4部のかわいい子どもたちと仲間作りのゲームをしてみました。第一体育室に連れていってのゲームです。

　教室のいすに座っている時は、きちんとしていても、体育室などのような広場に連れていくと、途端に乱れるものです。特にゲームをすると、友達と協力できない、ルールを聞いていない……。そんな状態がすぐに表れます。

　だから私は、集団を育てるのに、こうしたゲーム集会やクラスイベントをこれまでもたくさん仕組んできました。

　さてさてどうなったでしょう。新4部の子どもたち、実におだやかでにこやかです。私の話もぱっと聞きます。かわいい反応です。ゲームをしながら、最初は友達と手をつなぐことをためらっていた子も次第に素直に手をつないで、楽しむようになりました。友達の名前を覚えていくというゲームなので、自然に相手に名前を尋ねることが必要になります。こちらも最初は照れていた子どもたちが、声をかけあうようになっていきました。わずか20分ですが、既に打ち解けた子どもたちもいて、「先生、もう新しい友達が一人できたよ」とうれしそうに伝えに来てくれました。ということで新4部、なかなかいい雰囲気のスタートです。これから、三年間、友達づくりではいろいろとトラブルもあるでしょうが、その一つ一つが、彼らが今後人生において必要な人間関係力をつくるよい体験の場だと考えていただき、温かく長い目で見守っていただけますようお願いする次第です。特に、これから清里合宿終了までは、トラブルの連続です。中には私が意図的に仕掛けるものもあります。しばらくは私に任せてください。くれぐれも、過保護になってトラブルの解決に親が出てくるというような浅はかな行為に陥らないよう……。

※保護者会時集金のお知らせ

※専科のノートなど

　専科の先生が最初の一冊目のノートだけは用意してくださることになっています。ですから今週の授業でのノートの用意はいりません。二冊目以降は同じ形式のものをそれぞれの進度で用意します。

※遠足は高尾山

　高尾山に行きます。集合は7時45分を目安に新宿の京王線の改札前です。

　野村証券の前です。1年生の時に多摩動物公園にいきましたが、その時に集合した場所というと記憶にありますでしょうか。解散は3時半です。場所は同じ新宿京王線改札前を目安にしています。

　新宿駅の山手線に乗ることができれば、自分で帰ることはできるかな。少しずつでいいですがお迎えが必要なくなるように電車などにも慣れさせていくといいです。いずれは京都、奈良で自由行動するんですからね。もちろん家族でその後、計画がある場合やまだ一人で帰るには不安な場合には迎えも必要ですので、お子さんとよく約束していてください。子どもに尋ねた時に迎えがあるかないかが言えないというケースが一番困ります。

※雑巾を一人一枚　クラス用としてご用意ください。

通信を支える想い

同じようにスタートはゲームで仲良しに

　この世代でも、スタートでは同じようにゲームをして、子どもたちの様子を観察していました。この世代は、退職前最後のクラスでもあるため、ベテランの私のクラスには、けっこう元気でわんぱくな子どもたちがそろっていました。でも、みんなゲームで遊び始めるとかわいいものです。試しに男女で手をつないで遊ぶというゲームもしてみました。最初はそれだけで大騒ぎになっていましたが、慣れてくるとすっと手をつないで遊び始めました。そんなことで文句を言い合っているより、ゲームを楽しんだ方がいいとわかったようです。このような子どもたちの変化を私は、どのクラスをもったときにもせっせと通信に書いていました。

　上学年のクラス経営で私はいつも男女が自然体で遊べるクラスにするという目標をもっていましたので、意図してこうしたゲームをたくさん取り入れていました。

※しっかりした、いい子どもたちです‼

　住所録のチェックありがとうございました。

　ピタッと全員のものが本日そろいました。さすがです。すばらしいです。子どもたちもしっかりとしているなあと感じました。昨日、連絡帳にも書かないで口頭で告げただけなのに、みんな自覚しておうちの人に伝えたということですから。これだけでもすごいことです。

　さらに………

　朝から、提出されたプリントを整理してくれている女の子が5人、私の机のまわりにいました。私は何も言っていないのに、出席番号順に並び替えているのです。なんて気がきくこ子どもたちでしょう。

※テーマは自立

　昨日の学年便りにも書きましたが、今年のテーマは「自立」です。

　子どもたちにとっては、「自立」。

　でも保護者の皆様にとっては、「子離れ」ということになるでしょうか。

　この時、完全に子どもに任せてしまうのではなく、大切なのは「直接手をかけるのではなく目をかける」という構えを持っていただくことだと思います。

　4年生からは学年行事に役員さんが付き添うことも少なくなります。

　早速、今度の遠足も保護者役員の付き添いはありませんから、ご心配なく。

　ただし、クラスイベントに関しては、担任しかいませんので、安全管理、緊急時の対策などのために、今後も数名の役員さんにお手伝いをお願いすることになると思います。しかし、低学年の時と比較すると、かなり頻度は少なくなりますから、先輩の保護者方に言わせると、子どもたちの活動が見られなくなってさびしいという声も……。

※火曜日は出向しています

　私は火曜日は兼任で私立大学で講師をしています。小学校の教員になることを目指した大学2年生の学生たちに数学と教科教育法を教えています。

　そのため、火曜日は給食の支度を終える頃から、学校を離れます。

　申し訳ありませんが、ご承知置きください。火曜日の午後に関しては学年主任の加藤先生に頼んであります。ちなみに、私は今年度から全校の研究企画部長という役割

になりましたので、学年のことは加藤先生にバトンタッチいたしました。
　こちらも、あわせてお伝えしておきます。

個人情報保護の観点より割愛させていただきます

※輝跡は造語です

　学級通信のタイトルの輝跡「きせき」は私の造語。だから辞書にはありません。数学の用語には、軌跡という言葉があります。さらにミラクルという意味の奇跡という言葉もあります。でも輝いた跡の「輝跡」はこの4部のみんなで創っていくものです。義務教育での学びは、結果だけではなく、過程が大切です。そんな学びに対する価値観も伝えたくて、私は高学年を持つとこのタイトルをつけてきました。このかわいい4部4年の子どもたちのたくさんの素敵な輝いた跡を共に刻んでいくために、保護者の皆様、三年間、どうぞこの非力な担任を支えてください。

通信を支える想い

ともかく子どもたちのよい雰囲気を見つけては褒める

　このクラスのときも、スタートは意図して、ともかく子どもたちのよい雰囲気を見つけては通信で褒め続けていました。先ほど、前号のコメントで述べたようなわんぱくな子どもたちが多くいましたから、その子たちに関する保護者の先入観を早い段階で払拭したいと思っていたからです。

　低学年の間に叱られ続けた子どもも中にはいます。いつも誰かから欠点を指摘され続ければ、わんぱくなタイプの子どもに限らずいびつになるものです。

　彼らのかわいい姿をたくさん探して、本人たちにも自覚させたいのです。叱られることが多かった彼らにとっては、こうして通信でも褒められることはくすぐったいのかもしれませんが、通信を読んでいるときの子どもたちの表情はとてもうれしそうでした。

　もちろん、厳しくするときは毅然として叱りますが、叱ることが多かったような日は、通信では褒めることを多くしたりしてバランスをとってました。

保護者会の日程　再確認

個人情報保護の観点より割愛させていただきます

水曜日の5時間目の国語は書写の用意

　国語の漢字指導や読解指導などは、すべて二瓶先生が担当します。私は原則書写を担当します。ですから水曜日は習字ができるように準備しておいてください。といっても毎回、習字ばかりやるわけではありません。

　昨日、算数の時間に早速ノートの作り方を指導しましたが、実は書写の教科書の最初のページはノートの使い方というページになっています。

　要するに丁寧に文字を書く力を各教科の学習でも活かすことができるかどうかを関連して進めることも目的になっています。だから時には算数のレポートだったり、国語のことわざ遊びだったり、遠足の新聞づくりをしたりというような活動も取り入れていきます。

　今日の5時間目は画用紙で自己紹介カード作りをしてみました。

え？　自由？　決めてよ先生・・・

　一枚の画用紙に自由にレイアウトします。この自己紹介カード作りでは、貼りつける写真の枠（10×15）をどこにするかさえも、まず自分で決めます。写真は私が撮ったのを使いますが、子どもたちは、書き方は自由と言われると不安そう……。何でも形式を決められ、大人が決めてしまう体験ばかりをしていると、子どもは自分で決めることをこわがるようになります。失敗してもいいので、ともかく自分で決めることが大切です。縦に書くか、横に書くか、イラストを入れるか、下書きをするか、色をどのように使うか……。ともかく自由です。なかなか力作がそろいました。

桜の木の下で

　入学式の日に早速、出席番号が同じ二人で写真を撮りました。今はにこやかに手をつないで写ってくれましたが、卒業するころにはきっと男の子と女の子で手をつなぐ

のは抵抗があるかもしれないですね。でも３年後にこの桜の木の下で同じ場所で写真を撮りたいなあと思ってます。その時も笑って手をつなげるクラス集団に育てることを目指して……。

学習活動の七つ道具をそろえてください

　いろいろな学習で次のものを使います。特にこれから算数では、使う頻度が高くなりますので来週までに個々でご用意ください。
　１　はさみ　２のり（スティックタイプが便利）　３ミニセロテープ
　４三角定規のセット　５分度器　６コンパス　７マイネーム（マジックペン）
　これらを、袋などにいれて、いつでも使えるようにしておくと作業などをするときにも能率がよくなります。付け加えて「ミニ定規」を筆箱にいつもいれておくようにしてください。筆算などでもさっと使って書けるように……。

行事予定表をよく見て用意を

　特に弁当の日は要注意 !! これまでも私は弁当に日については予定表で示すだけにしています。

日記指導スタート　タイトルはこちらも「輝跡」

　まずは、どのぐらい書けるようになっているか様子を見ます。ですからこれから一週間は生活日記でいいです。それから段階をあげて学習に結びつく日記にしていきます。専用のノートを本日渡しました。表紙に自分で「輝跡」と書いて、まずは自己紹介を丁寧に一ページ目に書くように課題を伝えました。
　私の発行する通信「輝跡」と子どもの「輝跡ノート」がリンクしてたくさんの足跡を創っていきます。これから一週間だけ連続して書くことを課題にしてみます。
明日は検尿、忘れずに !!!!

通信を支える想い

「自分で決める」という経験を大切にすること

　前担任が丁寧で何でも親切に用意するタイプの方だったとすると、少し自立を促すような活動も意識して取り入れるようにしていました。自立を経験させるのですから、失敗はつきものです。最初から大きなイベントで試すのではなく、新聞づくりぐらいの小さな活動から始めてみます。最初は、子どもたちは「先生が形式を決めてよ」と不安げでしたが、慣れてくると自由を楽しんでいました。新聞づくりやレポートづくりぐらいならば失敗してもやり直しがすぐにできます。失敗することを前提と言いましたが、短い間隔で再挑戦の経験をさせていくことも大切です。

給食当番は4人!??

　私のクラスでは、給食当番は4人しかいません。しかも日替わりです。

　4人だと当然人手が足りません。すると必ず誰かが手伝います。牛乳を配るのを手伝ったり、くだものを配ったりと、プラスアルファの子どもたちが友達のために手を差し伸べます。次第にたくさんの子どもが手伝うようになるので準備も速いのです。そして「押し付け合う」空間よりも、この「手を差し伸べ合う」空間の方が子どもたちの雰囲気もよくなります。

　それにしても気持ちよく働いてくれる子どもたちです。にこにこ笑顔です。

モップの周りが・・・

　教室の後ろのモップの周りが水浸しになっていました。回転式絞り器のついた簡易モップなので、おそらく休み時間に面白がって遊んだ子がいるのでしょう。私はこう告げました。「残念だなあ。教室の後ろが水浸しなんだよなあ」と。

　すると、「誰かが遊んでいた」という声。一斉に、「自分じゃない」「○○が遊んでいた」という声がたくさん響く。そこでひろし先生。

「あのね、先生は誰がやったのかを探しているわけじゃない。水浸しになっているのをそのままにしていることが残念だと言っているんだよ。今、○○が遊んでいたと言ってた人、本当にその姿を見ていたのなら、どうしてその時に注意してあげないの。そうすれば、その子は先生に叱られなくてすむんだよ。これからこのクラスでは、お互いに教え合うことにしよう。できれば、先生に言う前にそっと教えてあげるようになると、お互いに助かるよ」

　こんな話をしていると、次第に子どもたちの顔がにこにこ顔になります。

　攻め合うのではなく、互いに守り合うのです。これを支持的風土とよびます。

　給食の前の時間に、せっせとモップの周りをきれいにしてくれる子どもたちがたくさんいました。私は遠くから見てました。手を怪我しているのに、それでもぱっととりかかる男子、最後の雑巾をかけるところまで、世話をしている女子。男子が雑巾をポンと投げてかけたときに、「こうすると、きれいにかけられるよ」と自分でしてみせた女子。あなたはえらい!!!

注意の仕方が問題

　実は、子ども同士の注意の仕方は、素直に聞けないような注意の仕方がほとんど。

だから、注意された方も、わかっているけど……つい反論したくなってしまう……。というのが子どもの世界によくあること。だから、私は注意した相手が素直に聞いてくれる言い方ができたら素晴らしいことだと子どもたちに話しました。でもこれって親子関係でも本当は大切な視点かもしれないですね。子どもが素直に聞ける叱り方を模索することができれば互いにとってよい前進かも……。特にこれから反抗期に入りますからね、心して向き合うべし。

「先生、輝跡の☆が増えてる！」

　真っ先に声をあげたのはⅠちゃん。家に帰って第2号を見た時にすぐに気がついたそうです。私は実はこれを最初に気がついて私に知らせてくれる子が出るまで黙って続けようと思ってました。そして発見者第一号のことを載せようと思ってたのです。案外早かったなあ。すると、別の子が「そうか、一つずつ星が増えてるんだね。でもこれじゃあ、もう少したったら☆だらけになっちゃうよ、先生……」と心配そうな声。さてさて、どうなると思います??

お誕生日には一輪の季節のお花

　今日は早速4月生まれ第一号のHさんの誕生日。私からささやかな季節のお花一輪をプレゼント。近所の花屋さんにクラスの花とは別に頼んであります。元4部も1年生の時に同じことをしました。来年からは子どもたちの企画でいろいろと誕生日を祝うことを考えますが、今年はまだ係もできていないので。教室でクラスのみんなからハッピーバースディを歌ってもらい、大きな集合写真をもらいます。この集合写真は、誕生日の人が中心に座ったもの。よく考えたら集合写真はいろいろと撮るけれど、自分が中心に座った写真は案外ないでしょ。ということで、本日はみんなで花を持ったHちゃんを囲んで笑顔で写真に写りました。いい雰囲気です。誕生日が後からの子どもたちが「いいなあ」とうらやましそうでした……。ちゃんと全員撮るからね。待っててね。

通信を支える想い

先生！　タイトル文字の☆が増えてる

　このクラスのときには、通信のタイトル欄に少しずつ変化をもたせてました。子どもたちが気付くかなと……。NO.4 ぐらいになって、ある子が「先生、輝跡のタイトルのところにある☆が増えてる」と言い出しました。すると、「私もそう思ってた」とか、「え？　全然気がつかなかった」などの声が聞こえてきました。「家に帰ってもう一度見てみよう」という声も聞こえました。NO.5 を配ったときには、子どもたちは一斉にタイトルの模様をじっくり見てました。ある子は NO.4 を引き出しに入れておいて、すぐに見比べてました。すると、「先生、この調子で☆を増やしていったら、タイトルのところが☆だらけになっちゃうよ」と笑ってました。さてさて、私はこれをこの後どのように変化させていくのでしょうね。ここにもちゃんと数学のアイデアが使われていきます。

「きせき」がたくさん！「きせき」につながる！

☆輝☆跡☆

4部4年学級通信
平成24年 4月14日（金）

NO. 5

輝跡ノート素晴らしい!! 一ページ目でした

　低学年の間に培われた「書く力」を見せてもらいました。既に高学年レベルのノートが書ける子どもがたくさんいることがわかりました。素晴らしいです。逆に書くことに苦手意識を持っている子も、ちらほら……。運動の力もそうですが、こうした力は、ともかく経験頻度による差になっているだけです。5年生で生活日記を課題にするつもりはないので、低学年の生活日記の力が不足している場合は、4年が最後のチャンスです。学力の源は「書く力」です。特にこの附属の系列を目指すならレポートを書いたりする力は絶対に必要な力になります。本日は、試しに「自由提出」にしてみました。提出は7割になりました。3割の子どもの中に「書くことが苦手」な子どもがいなければいいのですけどね……。来週は全員、毎日書きます。継続は力なり。

メッセージが変わったよ!!

　子どもたちのするどい観察力は、どんどん成長しています。
　☆の話を告げると、今日はSちゃんが、「先生、メッセージも変わっているよ」と報告してくれました。
　そうなんです。最初は
「きせき」を残せ！「きせき」を起こせ！
　　　↓
「きせき」がたくさん！「きせき」につながる！
となっていたんです。うれしそうに、にこにこして伝えてくれた子どもたちがその後もたくさん。
　輝跡を配ると、最近はじっと読み込んでいる子どもたち。どこか、変わったところはないかなと、真剣なまなざし。とってもかわいいです。

☆がとうとう5つに・・

　子どもたちが、心配していた通り、☆がどんどん増えてきました。
　でも、これ以上増えたら大変だよと、口々に……。はい、実はもうこれ以上は増えません。☆は5つまでのつもりでした。私も一週間、毎日輝跡を頑張って出しましたが、ここからは、少し間をあけて発行します。保護者の皆様、毎日、たくさん読んでいただきありがとうございます。でも子どもたちが帰った後の教室に、1、2枚、この通信が落ちていたりします。「ああ、この子のうちには、今日はこのニュースは伝わら

なかったんだなあ」と思うと残念です。もしも大切な連絡があったら、どうなるんだろうと心配もしています。

４時までは学校で活動があることを前提に

　６時間目が過ぎると、走るように教室を飛び出していく子がいます。

　しかし、１５時まで授業があると、着替え、片づけ、そして下校指導を行うと１５時３０分ぐらいにはなります。その日だけの特別な事情ならいいですが、低学年の時と同様の時間帯で習い事の日程を組んでいるとこれからは困ります。

　学校行事の関係で、４年生以上は４時までを前提にして活動が行われることがあります。ボランティア活動で例えば図書の係になったとします。当番の日は４時まで図書室で貸し出しや、低学年の世話をします。この子たちが図書室に行って貸し出しができたのも高学年の子どもたちがこれまで世話をしてくれていたからです。これからは、世話をする方に回るのです。加えて、いろいろな学校の行事の関係で、突然明日までに掲示物を作らなくてはならないというようなことも起こります。放課後作ろうと話し合いになったときに、私は習い事があるから早く帰りますと言う子がいた時の子どもたちの中にできる雰囲気を想像してください。繰り返しますが、子どもたちが４時に学校を出ても大丈夫なように日程を組んであげてください。もしも、早目に組んでいたとしても、公的な全体の行事などによって放課後を使う場合に、遅れていくことが許される環境にしておくことです。もうすぐ清里合宿の準備も始まります。早速、放課後、子どもたちが話し合うことも増えるでしょう。

※緊張の一週間が終わりましたね。子どもたちも疲れていると思います。どうぞ週末はゆっくり休ませてあげてください。子どもたちは一週間、本当によくがんばりましたよ。たくさん褒めてあげてください。

【 通信を支える想い 】

メッセージも☆も変化してる??

　子どもたちが心配していたように☆が５つまでになりました。でも、私の通信タイトルの星はこれ以上は増えません（笑）。次の号を見てもらえばわかりますが、今度はこの中の一つの☆が★に変わります。塗る位置も変わります。そのうち塗る数も変わります。こうすると、何種類できるのでしょうね。子どもたちもそれを考え始めていました。

　まだ４年生ですから合理的な数え方ではなくてもいいのですが、こうして数学のアイデアを使うと、少ない種類でたくさん表現できるようになるんだなということが伝わるだけでいいです。ちなみに、このときはそばについているメッセージも少しずつ変化しています。

　子どもは、間違い探しや変化のリズムを見つけることは得意です。通信の中にこうして遊び心をさりげなく入れておいて、子どもたちの反応を楽しんでいました。

個人情報保護の観点より割愛させていただきます

二重跳びクラス持久跳びの第一回目

　まずは二重跳びで体力づくりをしましょう。まずは３０秒連続跳びを全員が達成することから。４年生なのでゴールは、１分連続跳びと定めて、しばらく二重跳びを用いて体力づくりを進めていきます。清里の山登りに向けての体力づくりと、密かに運動会に向けての体力づくりとして。先日、朝活で早速記録づくりをしてみました。次の３名が一回目の３位以内です。すごいです。
　１位 Mくん ２分達成　　２位 Kくん１分５５秒
　３位 Eくん １分１０秒
　ちなみにNくんは二回目に２分達成しました。すごいね。

４年の役員さん決定しました。

個人情報保護の観点より割愛させていただきます

遠足の班決まりました

　清里と同じ人数で班を作りました。清里での練習も兼ねて動きます。
　元部がすべて交ざるように作りました。
　新しい友達と仲良くなってくださいね。

研究会への参加のお願い

本校の研究会とは別に前期の間に、次の公開研究会に4部4年の児童の出席依頼を受けています。私が直接公開授業をします。何卒、ご協力のほどよろしくお願い申し上げます。

7月14日（土）オール筑波算数研究会（午後）筑波大学附属小学校算数科主催

8月 4日（土）筑波大学免許更新制度講座（午前）筑波大学主催

8月 7日（火）基幹学力研究会全国大会（午後）基幹学力研究会主催（代表 田中・二瓶）

この3日間は、水泳学校のため子どもたちが登校している期間なので、その時間と調整して参加できるようになっています。ただし、既にご家族の予定などが入っている場合は、そちらを優先していただいて構いません。なお、欠席の場合も事前にお知らせください。またこれら3日間の研究会の授業については、保護者の方も参観できます。ご都合がつくならば、ぜひご参観ください。会場はいずれも本校、講堂のステージ上です。

笑顔が子どもの心を育てます

「先生は、くまのプーさんみたい」「いつもにこにこしている」「ほとんど怒らないのが意外」「でも本当に怒ったらこわい」

いろいろな言葉が子どもたちの日記に躍っています。実は、私は、友達関係のこと以外では、ほとんど怒りません。それが意外なようです。でも、友達を傷つけることに関しては小さなことも見逃さず厳しく叱ります。今は、遠足や清里のグループ作りのときにも目を光らせています。例えば、グループ作りの時に「あーあ」なんて声をメンバーを見てつぶやいたら、はっきりと叱ります。その一言がどれだけ相手に嫌な思いをさせるか、それをきちんと話して聞かせます。すると、ちゃんと子どもたちは気遣いながら、動けます。元部のイメージで友達を決めつけて見ている環境を崩すことも今は大いに必要。環境が変われば人は変身します。そのチャンスを大切にしたいもの。

> **通信を支える想い**
>
> ### 席替えのときの「あーあ」は許さない
>
> 子どもたちの友達関係がぎくしゃくする主な原因は、何気ない無神経な一言にあったりするのです。それがもっともよく表れるのが、グループづくりや席替えの瞬間。
>
> 隣の友達の顔を見てつぶやく「あーあ」の一言。私はこれを見逃しません。というか、その瞬間がきっとあると思って見守っておきます。最初はどのクラスでも聞こえてきているはずです。もちろん、子どもたちの中には悪気はない場合もあります。本当はうれしいのに、照れ隠しで言う子も実はいます。でも、それも含めて指導のチャンスです（続く）。

今度は清里へ向けて

　元部を均等に分け、遠足の班も分かれるように調整して、清里の班がようやく完成。ということで遠足も終わり今度は清里合宿へスタートです。ともかく、今は新しい友達をつくることが最優先課題。明るくて楽しくてわくわくする毎日のための３年間のスタートとするためには、始まりのこの時間がとても大切。どうぞ、子どもたちが赤帽子の色にしっかり染まり、その中で個性的に輝ける環境をつくるために、保護者の皆様、おだやかに大きな眼差しで見守り支えてください。イベントがあると、またまた揉め始めますから……（笑）

保谷農園の活動でまずは練習

　５月１４日（月）　保谷農園で苗差しを行おうと思います。しかし、今のところ苗の育ちも悪く苗が今回は２１日過ぎぐらいまで間にあわないだろうということです。そこで１４日は野外調理の練習のみにしようと思っています。

　苗差し自体は別の日に午後からだけで行うなど、特別な日程にします。今年は気候による特別な事情なのでお許しください。ただし後日苗差しのみを行う場合は授業をしてから出かけますので、保護者引率はなくても大丈夫です（直前連絡でも大丈夫なら１名か２名お願いすることになるかもしれませんが）。

　ところで現在、清里の班が決まり、献立を考えているところです。ビーフシチュー、ハヤシライス、カレーうどん、カレーライス、バーベキュー、など班によっていろいろなメニューでとても個性的でいいです。まずは保谷で練習します。子どもたちが、用意してほしい材料をこれからリストアップしますので、役員さんの方で注文し当日農園に運んでください。お家で料理の材料についていろいろと尋ねると思います。また当日は包丁を使いますので、怪我をしないよう、各班に包丁の先生として役員さんに入っていただきます。よろしくお願いします。それ以外はすべて子どもたちがします。

私の連絡先について

〈携帯メールアドレス〉 //////////////////

〈携帯番号〉 //////////////////

となっています。緊急時（災害時など）はどちらの連絡も使用可能です。ただし、全員の方が日常、頻繁にこの連絡方法を使われるのは困るので次のようにさせていただ

きます。

〈役員さんの場合はどちらもOK〉

　公的な用件の場合は、上記の連絡方法いずれも使用してくださって大丈夫です。ただし、同じ用件がいろいろな方から、来ないよう調整したうえでお願いします。

〈役員さん以外の保護者の方へ〉

　お子様のことでの緊急の連絡がある場合は遠慮なく携帯電話で連絡してください。緊急ではない相談事はこれまで通り連絡帳でお願いします。

　新しいクラスになって子どもたちも、そして保護者の方も慣れるまで大変だと思います。どうぞ、ゆっくりゆっくり慣れてください。子どもたちは、順調に「赤」に染まっています。遠足もとても楽しそうでした。仲良く写真を撮り合っている姿はなかなか微笑ましくいいなあと思った次第です。★

BUT事務的な約束　少し気持ちを引き締めて

　ただ、一つだけ保護者の方にお伝えします。まずは低学年からの共通の約束ごとや配布物、提出物についての連絡を正確に確認することをお願いします。

〈提出物について〉

　※「〜日までに」と「〜日に」を区別してください。

　私たちのところに３９人の提出物がどのように届いているか想像してくださいませ。※先日は保健室の書類のコピー忘れ、問診票の印鑑忘れ、それぞれ１０人近くありました。せっせと私が裏表をコピーしました。今一度、根本的なことを引き締めていただくことをお願いする次第です。高学年は今後も大切な書類がありますので、この機会に全体にお伝えしておきます。

通信を支える想い

続・席替えのときの「あーあ」は許さない

　さて、席替えでの荷物移動も終えて、子どもたちが収まるのを待ってから静かにこの場面のことを私は話します。「席替えのときに残念だったことがあります。それは隣の友達を見て『あーあ』とつぶやいてしまった友達がいることです。きっと悪気はなかったかもしれません。いや、本当は逆でうれしいのを隠すために照れ隠しで言ったのかもしれません。でも、その一言を聞いた友達には真意は伝わらないんだよ。それがきっかけでぎくしゃくし始めた先輩もいたんだよ」といったことを諭すように話してみます。そして、次の席替えのときを待ちます。さて、子どもたちの変化は……（笑）

★筑波大学附属小学校では、クラスごとに体育帽子の色が異なっています。4部は「赤」でした。ちなみに、教員の電話やメールの公開については、年齢・経験に合わせ、学校事情も考慮してくれぐれも慎重にした方がよい。

「きせき」がたくさん！「きせき」につながる！

☆輝☆跡☆

4部4年学級通信
平成24年4月26日（木）

NO. 8

私のミス　ごめんなさい

　避難訓練と通学分団は明日でした。でも、なかには児童手帳を見てしっかり揃えている子もいましたけど……。今日の算数は、みんなでカードゲームをしてみました。私の教材にも分数などを使ったカードゲームはたくさんあるのですが、その元となるゲームのルールを教え合う体験をさせようと思っていたので。本当に楽しそうに男女仲良く楽しんでました。

ヤゴとりは希望者のみ

　低学年から取り組んできたヤゴとり。そろそろいいかなと思いましたが、どうしてもやりたいという子もいたので昼休みに希望者だけの参加となりました。
　木曜日と金曜日になります。

６月２２日　潮干狩り　富津

　昨年、とりやめた潮干狩りですが、安全も確認されましたので今回、学年行事として復活しました。今年は既に３年生も実施しています。

ノートの成長について

　その１　ともかく丁寧に
丁寧にノートを創る力は一生の財産
だから、丁寧に書けないのなら、まだ長く書かなくていいのでまずはここから。
　その２　毎日書く継続力、集中力
自分で一週間取り組むと決めたなら、やり続けることができる力。
すべての活動の源は、集中力。そして強い意思の上での継続力。
　その３　長く書く　輝跡ノートで一ページ目安
渡したノートで一ページだと１５字×２２行＝３３０字　これぐらいは、さくさく書けるようになっていてほしい。
　その４　ひとつの内容で書く
　これらの上で、生活日記から内容のある日記へと転換。ここまでが、高学年の学習につなげるための準備。
　ゴールデンウィーク明けからは、課題日記へと変えていきます。今度は毎日書くの

ではなく、学習につながる日記としていきます。まだまだその１、その２、その３の段階が必要だとお考えならば、あとは各自で別のノートを使ったりして、継続してください。ノートにきちんと書く力は、４年までなら変えられます。でも低学年の間にしみついたものは、なかなか改革が難しいのも事実。変身させるには、強い忍耐力が親にも子にも必要です。

ポロシャツ？？作りたい！！

私は、クラスのポロシャツはいつも後半になってやっと作るというようにしてきました。なぜかというと、子どもたちの雰囲気がやはり盛り上がってからでないとだめだと思うから。そう思っていたら、先日、子どもたちから「ねえ、おそろいのシャツ作らないの？」私「え？ほしいの？」「着たいにきまってるでしょ！！」「ねえ、でも自分たちでもデザイン、考えてみたい」なんて声も出てきました。そこで、役員さんにいくつか作ってもらったデザインをもとに子どもたちに選ばせてみました。もちろん、そのまま採用されるとは思いませんが、少しでも関わると楽しみも大きいようです。

やさしい子どもたちの姿に感動

先日から、いろいろなトラブルが起きています。でもその時に、必ず心優しい子どもが登場するのです。私はいつも子どもたちがトラブルの時に、どのようにして乗り越えていくのかを遠くから見ています。昨日は、四人、素敵な子どもを見つけました。私は思いっきり褒めました。今日も朝から一人。それにしても……。さりげなく、人に手を差し伸べられる子どもたちがたくさんいてなんだか温かいクラスになってきました。私は彼らのその関わり合いの姿に目を細めてずっと見ています（まあ、もともと目は細いんですけど）。

トラブルの数だけ集団は成長します。我が４部、清里に行く前なのにかなりまとまってきましたよ。切り替えもぱっと出来ます。なかなかすごい集団です。

▌通信を支える想い

時には、あえて苦言も！

私のクラスの保護者には本当にたくさん助けられました。振り返ると感謝しかないです。でも少し張り切りすぎて先走る元気な方もいました（笑）。だから時には、前号のように保護者向けの苦言を呈すこともしていました。若い先生ではやりにくいでしょうが、このクラスの担任のときには私は親たちよりも年上でしたから毅然として行っていました。

言いにくいことは、全体会などを通してベテランの先生や管理職の先生に伝えてもらいましょう。ただし、そのときには事件の例をわざと別の話題に変えて、特定の方が批判されているということが伝わらないようにするという配慮も必要です。

「今、読んでいる本」と言えるものを持つ

　子どもたちに、読書を勧めていますが、登下校などでも相変わらずマンガ系統（学習漫画だけど）しか読めない子もいるので、少しこの機会に変身させたいと思います。そこで、各自に「今、読んでいる本」と言えるものを持つことを勧めました。授業においても、互いに興味を持っている本について紹介し合う場も作りたいと思います。活字に親しむ文化を取り戻しましょう。

自分で走り始めた子どもたち

　朝の活動の前、そっと見ていると、第二運動場の坂をせっせと走っている赤帽子の姿、発見。女の子たちでした。「学校の運動会のリレーの選手ぐらいなら、だれにでもチャンスはある。得意か不得意かは、要するにたくさん経験したかどうか。その気になれば全員、変身できる!!」と話した翌日の子どもたちの姿です。大切なことは強いられて行うことばかりにしないこと。

　今年も来年も、１年～今までのリレーの選手が出場できないので、チャンスもひときわ大きいのです。輝跡を積み重ねれば奇跡は起きる!!

書籍、雑誌などへのお子様の登場について

　本校の研究の紹介に当たっては、私が研究企画部長という立場になりましたので、必然的に我がクラスの子どもたちがメディアに登場する機会が増えると思います。全国紙の場合は、氏名と顔が特定できないようにするなど、配慮は行うつもりですが、こうした研究物などへの掲載について避けたい方、不都合な方ありましたら、こちらもお知らせください。

〈対象となると思われるもの〉
　その1　私の著作物（3年後はこの4部だけの特別な本を作ります）
　その2　定期刊行雑誌として　本校「教育研究」　算数部発行「算数授業研究」
　その3　学会や民間諸団体などの団体誌
　例）　全国算数授業研究会（代表　本校副校長）、基幹学力研究会（代表　田中・二瓶）、算数授業ICT研究会（代表　田中）
　以上の書籍・雑誌については、毎回確認をとると煩雑になりますので、予め了承を得た方のみの掲載とします。掲載をやめてほしい方のみ、連絡帳でお知らせください。また上記とは、別に……
〈その都度お願いするもの〉
　各種教科書、新聞（小学生新聞も含む）NHKなどの取材、など様々な方面からの依頼が入ることもありますが、特別な企画の場合は、その都度了解を得ますので、あわせてよろしくお願い申しあげます。

4月終了　しばしの休息ですね

　慌ただしく、4月が終わりました。新しいクラスになってからの一カ月。子どもたちは、素敵な集団に変身しつつあります。ともかく今は、笑いいっぱいのクラスになってきました。でも時折、友達を大切にしないことが起きると、私は突然、烈火のごとく叱ります。でもだんだんそれが必要なくなってきて、子どもたちもわかってきたようで……。さてGWに入ります。家族で大切な時間をゆっくりとお過ごしください。まだまだ甘えていたい年齢ですからね。そして子どもたちに、学校の様子をいろいろ聞いてあげてください。にこにこしながら話してくれれば第一段階はOKかな。ある子が日記に書いてました。
「4部は、みんなきちんとしているからとってもいい。先生が話す時もぱっとやめて話が聞けるところがすごいと思いました」だそうです（笑）

通信を支える想い

4月は担任からのメッセージ満載

　初代のときと比べると、子どもの日記のコーナーや算数の実践記録がありません。
　実は、この世代のときは教育雑誌で報告する機会がぐんと増えたからです。特に本校の保護者は、学校発刊の「教育研究」という雑誌を読んでくれているので、そちらで写真付きでクラスの様子を見たり、授業の様子を見たりできます。
　つけ加えてこの時代は、「基幹学力の授業」（明治図書）、「算数授業研究」（東洋館出版社）という2冊の雑誌もあって保護者も読んでくれていました。さらには、通信で紹介したように研究会がとても多くなり、その都度保護者は生の授業を見る機会が増えました。
　従って、通信の役割は初代のときとは大きく変わったというわけです。私から子どもたち、そしてクラスの保護者へのメッセージが満載になっています。

「きせき」がたくさん！「きせき」につながる！

☆輝☆跡☆

5月

4部4年学級通信
平成24年5月1日（火）

NO.
10

GWの谷間も全員、元気に登校!!

　３連休と４連休の谷間の二日間。一般公立学校では、学校を大切にしない保護者も多いらしく、欠席が目立つと嘆いている校長先生がたくさんいる中、さすがに附属の保護者は素晴らしいなと感じた次第。

　子どもたちは、少し疲れている様子があるものの今日も元気いっぱいでした。

保谷の献立決まりました

　まずは、保谷で試してみます。子どもたちが思ったような料理ができるかどうか。家族で行くキャンプなどでは炭火などを使うのでうまくいくのでしょうが、薪で行う野外炊事はそう簡単には火加減は調節できないので苦労するでしょう。煮込み料理はその意味では失敗がありません。材料の注文は、子どもたちの計画書を役員さんに渡しておきますので、当日までに手配をよろしくお願いします。ただ、計画書のグラム数など細かな準備はすべて予定通りできるわけではないので、少し予備も含んで用意してください。付け加えて、子どもたちには今の清里の寒さが実感されていないため、なるべく温かいものがいいので、班によっては保谷の体験をしたあとで若干修正は試みるつもりです。

個人情報保護の観点より割愛させていただきます

今年の防災訓練は宿泊体験を予定

　昨年の震災時での苦労もあり、今年は防災訓練の日に、そのまま子どもたちは校内に宿泊体験をすることになりました。かつては、本校の防災訓練は、毎年４年生が宿泊していました。しかし、次第に準備が大変だということでなくなった行事なのです。しかし、昨年のようなことがあると大切な行事であることもわかりました。そこで、この学年が実験的に昔の宿泊体験を再現することになりました。従って引き取り訓練は、翌日の朝となります。既にいろいろなご予定をされているかもしれませんが、災

害時の心構えとして今こそ大切な時期ですので、ご予定ください。詳しくは、五月の総会の日にお知らせします。

子どもたちの新鮮な行事の体験にご協力を

　本校は5年生になると志賀高原で4日間スキー合宿をしています。しかし最近はわざわざこうした行事の先に出掛けて行って、下調べをなさる家族もあると聞いて、いささかびっくりしてます。そういう方たちは、修学旅行先においても自由行動の場所まで見て回るのだそうです。こうした行為が子どもたちにとって新鮮さを損ない興ざめしてしまうことに気がついてほしいと思います。転ばぬ先の杖を持たせたがる空気は、そのまま子どもたちの成長にも現れ、失敗を怖がる子どもにしてしまっています。もちろん、偶然、出かけた先が学校で使う場所だったりすることはありますから、仕方ないこともあるのですが、「わざわざ」それをすることは避けてほしいと考えます。これは清里合宿でも同じです。自由行動先を現地で下調べしていたのでは意味がありません。いろいろな情報網を使って準備をしていく活動自体に意味があります。子どもたちの方が、こんなところに行ったんだよと後から案内できるのなら素敵です。

通信を支える想い

保護者へのメッセージとともに自らも改善

　この日の通信にも保護者向けの少し厳しめのコメントがあります。

　ただ、私のクラスの保護者の名誉のために言いますけど、彼らがしていたわけではありません。学校全体で見たときに、少しずつ過保護になりつつある雰囲気を察して、早めに一言伝えておこうと考えて、事態が発生する前に発信していました。

　今、振り返ると4月は、約束事を伝えることも多く、さらにその中において苦言を呈されるわけですから保護者にとっては愉快ではなかったかもしれませんね。読み直すと新人時代の通信の方がよかったかなと反省もしてます。でも、学校の中の誰かが伝えることが必要なことは年長者が背負うべき大切な役割だとも思っています。

　私も三人の子どもの親ですので、この記事のように各種の行事で我が子に失敗させたくないという親の気持ちもわからなくはないのです。それでも、大人が安心した分、もしかしたら子どもたちが味わうはずだった感動も少なくなってしまっているかもしれないと思うと、やはり伝えておかないと……と、悩みながら書いてました。

　実は、これは学習においても同じです。早めに先取り学習をしておこうという予防線で安心する半面、やはり学びにおける感動も少なくなっているかもしれないのです。

　でも、こうした気持ちにさせてしまうのは、私たち学校側が学習の苦手な子や、行事で失敗してしまう子をきちんとサポートできていなかったからかもしれないので、メッセージを発信するとともに、私たちも保護者や子どもの姿から自分たちの取り組みを改善していくという意識を常にもつことが重要だと考えています。

　ここまでで一ヶ月です。この世代のときもこうして立て続けに４月は通信を出してました。担任の学級経営をできるだけ早く伝えたいと思うからです。

　ちなみに、この世代の通信には、私が他の「学級づくりの本」でも紹介した実践例が満載です。

　少し整理してみることにします。

4年のスタートと6年の最後に
同じところで同じペアで記念写真

　私のクラスでは歴代のアルバムに、このシーンがあります。

　４年生の４月に校庭の桜の木の下で、同じ出席番号の男女のペアで記念撮影します。男女の身長の違いがあまりにも際立つような場合には、背の順のペアの場合もありました。

　３年生が終わったばかりのまだあどけない子どもたちですから、特に照れることもなく手をつないで写真に写ってくれました。

　これを卒業前の３月に同じ場所で同じペアで写真を撮るというもの。きっかけは私のクラスの保護者の方からの提案。１年生の入学したてのときに、かわいいペアの写真があったのですが、卒業アルバムを作るときに６年前のペアで写真を撮りたいという願い。最初は子どもたちも抵抗してましたけど、最後は観念して写真に収まっていました。これは面白いなと思って、新しいクラスをもったときにはスタートと最後で記念写真を撮ってました。

　もちろん、子どもたちと相談しながらしたほうがいいですが、ほのぼのとした時代の自分を振り返って、本人たちも懐かしがり、面白がってやってました。さすがに６年生のときは照れてましたけどね。それもまたいいものです。

学習の七つ道具を用意

　算数の授業では、いろいろな道具を使います。分度器、三角定規のセット、コンパスは皆さんも用意させておくことでしょう。私の場合は算数でもモノづくりをよく行っていたので、そのためにスティックのり、セロテープ、はさみ、マジックペンの計７つを一つの袋などに入れて机の横にぶら下げておきました。これは他の教科でもすぐに使えます。バラバラにさせておくと、何かが足りなくなるのでまとめて保管させていました。

　筆箱にはミニ定規をいつも入れさせておき、多用させて慣れさせていました。筆算の横棒など、本当は定規で書く必要は算数的にはないのですが、計算練習

などのときにいつも使わせるようにしておくと使用頻度が増えるのですぐに慣れます。

　たまにしか使わせないから、定規で真っ直ぐな線が引けない子が多いのだと思います。ゲームをするときも定規を頻繁に使わせていました。このとき、指導する人が丁寧さだけを求めて使わせていると子どもたちも嫌になってしまいます。最初は下手でもいいので、頻度をあげるのだという意識で遊びの中でも使わせながら見守っておきましょう。コンパスも同様です。

　定規を使って遊ぶゲーム、コンパスを使って遊ぶゲームなどもたくさんあります。

少ない人数の給食当番

　これも、他の本でも紹介しましたが、私のクラスでは低学年から給食当番は4人です。明らかに人手不足です。人手が足りないと遊んでいる子はいなくなります。

　工夫も始めます。例えば牛乳などは別のところに置いておき、当番以外の子が自分たちで取ればいいだけですから。袋に入ったパンなどもそうです。いわゆるバイキング形式で配膳してもいいものと、当番で世話をした方がよいものに分けてやってました。

　時には、当番ではない子がさりげなく手伝ってくれることもありました。

　他のことでもそうですが、安心のために多めに人数を配置するから、やることがなくて遊んでしまう子が出てきてしまうのではないかと思います。少し不足しているぐらいの方がよいというのは、子どもの教育にとっては共通することなのかもしれませんね。

　ただし、私のクラスの給食当番は、日直とも連動していて、苦労してせっせと働くのはその一日のみです。よくある一週間続くような進め方とは違います。だから頑張れます。

お誕生日はクラスのみんなの真ん中で
目印は一輪の花

　4年生の最初はまだ係活動もうまく機能していないと思うので、誕生日を祝うというようなことも4月生まれの子には間に合わないことがありませんか。だから私は、最初はこちらからこの記念写真を持ちかけていました。クラスのみんなの真ん中に座って写る集合写真って案外みんな持っていないものです。誕生日の日ぐらい、真ん中に座ってみんなに囲まれて写真に収まってみるというのはどうでしょうか。

　ただクラス全員で座ると真ん中あたりにもたくさんいますので、一体誰が誕生日の子なのかわかりません。そこで目印になるように一輪の花を買ってきて私からプレゼントしてました。学校出入りの近所の花屋さんにカレンダーに印

をつけておいて、その日に一輪の花を届けてもらうようにお願いしておきました。これで私がうっかりミスしても大丈夫です（笑）。この誕生日の写真の企画はその後、多くの先生のクラスで行われていると聞いています。そして保護者の方から喜びのメッセージをもらっていると……。

懸命に子どもたちの大切な日のために、努力してくれる先生には子どもたちも動くものです。こうした実践に取り組んでいる私の仲間の先生たちの多くは、先生の誕生日に子どもたちからサプライズを持ちかけられているそうです。

子どもとの関係がうまくいかないと嘆いている先生たち、どんなささやかなことでもいいので、子どもたちのために何か動いてみましょう。

子どもたちも一人の人間です。自分たちのことを大切にしてくれる人には真摯に向き合います。すると時には、その大人がミスをしてもちゃんと許してくれるものです。

少なくとも、私が38年間で出会った保護者、子どもたちはそうでした。新人時代の田中を支えてくれました。この通信のクラスの子の中には、整理整頓できない私の机を研究会前にせっせと片づけてくれる子もいました（笑）

完璧な人間を子どもたちは求めているわけではないと思います。

彼らと弱みを見せ合って教師も子どもたちとともに支え合って前進していけばいいと思うのです。

下の写真は私の退職の会のときに、サプライズで集まってくれた卒業生たちとの集合写真です。初代の通信「飛行船」時代の子どもたちの声掛けで、38歳から8代目の高校生までの全クラスが筑波小の講堂に集まってくれたのです。クラスのイベントで様々なサプライズを仕掛けてきた私ですが、最後に教え子たちからの最高のサプライズ返しをもらいました。

こんな子どもたちに出会えた幸せに今はただただ感謝するのみです。

田中博史 たなか ひろし

　1958 年生まれ。元筑波大学附属小学校副校長、元全国算数授業研究会会長。

　現在「授業・人」塾代表、学校図書教科書監修委員。

　主な活動は、教員研修や子育て支援セミナー。加えて子ども用教材「算数の力」（文溪堂）の監修経験から教材教具を活用した算数授業づくりセミナーや、教具を使った遊びを通して行う学級づくりのセミナーなど幅広い活動を全国で展開している。

　また近年では、これまで筑波大学や共愛学園前橋国際大学、さらには各地の大学での特別講義などを通して出会ってきた大学生やその卒業生、さらにはそのつながりから広がった初任者を含む若手教員たちとのサークル活動の支援なども全国で開催。同時に教育委員会主催の管理職研修会、研究主任研修会などスクールリーダー育成にも協力。

「人」を育てることに取り組む様々な立場の方の取り組みを応援している。

（主な著書）

『学級通信で見る！ 田中博史の学級づくり１年生』

『学級通信で見る！ 田中博史の学級づくり６年生』

『学校が変われば、授業が変わる！ 新しい研究授業の進め方』（これは豊島区立高南小学校との共編著）

　また、学級経営の視点としての著作としては他にも『子どもが変わる接し方』『子どもが変わる授業』などがある（上記いずれも東洋館出版社）。

　その他にも、近著に『子どもの「困り方」に寄り添う算数授業』（文溪堂）、『算数授業の当たり前を「子どもの姿」から問い直す』（明治図書）など多数。

カスタマーレビュー募集

本書をお読みになった感想を下記サイトにお寄せ下さい。レビューいただいた方には特典がございます。

https://www.toyokan.co.jp/products/5101

学級通信で見る！
田中博史の学級づくり 4年生 クラス替え編

2023（令和5）年3月30日　初版第1刷発行

著　者　　田中博史

発行者　　錦織圭之介

発行所　　株式会社 東洋館出版社

　　　　　〒101-0054　東京都千代田区神田錦町2丁目9番地1号
　　　　　　　　　　　　　　　　　　　コンフォール安田ビル2階

　　　　　代　表　TEL 03-6778-4343／FAX 03-5281-8091

　　　　　営業部　TEL 03-6778-7278／FAX 03-5281-8092

　　　　　振替　　00180-7-96823

　　　　　URL　　https://www.toyokan.co.jp

装　丁　　mika

印刷・製本　藤原印刷株式会社

ISBN978-4-491-05101-7／Printed in Japan